TEMPERAMENTOS CONTROLADOS POR EL ESPÍRITU

FORTALEZA PARA CADA DIFICULTAD

TIM LAHAYE

Unilit · Sepa

Publicado por
Unilit
Miami, FL 33172

Tercera edición 1990
Primera edición 2013 (Serie Favoritos)

Copyright © 1966 por Post, Inc., La Mesa, CA
Publicado originalmente en inglés con el título:
Spirit-Controlled Temperament
por Tyndale House Publishers, Inc.
Wheaton, Illinois EE.UU.

Diseño de la cubierta: *Ximena Urra*
Ilustración de la cubierta: © 2013 Tarchyshnik Andrei. Usado con
permiso de Shutterstock.com.

El texto bíblico ha sido tomado de la versión Reina Valera © 1960
Sociedades Bíblicas en América Latina; © renovado 1988 Sociedades
Bíblicas Unidas. Utilizado con permiso.
Reina-Valera 1960® es una marca registrada de la American Bible Society,
y puede ser usada solamente bajo licencia.

Producto 496971
ISBN 0-7899-1929-X
ISBN 978-0-7899-1929-8

Impreso en Colombia
Printed in Colombia

Categoría: Vida cristiana /Vida práctica /Autoayuda
Category: Christian Living /Practical Life /Self Help

Este libro está dedicado al doctor Henry
Baumgarth von Biene de Tibia, algunas
observaciones clínicas y cuya vida concuerda
con su vocación. Fueron instrumentos en manos
del Espíritu Santo, para suscitar una profunda
influencia en la vida del autor.

CONTENIDO

PREFACIO

¡Nada hay en el hombre más fascinante que su temperamento! Es el temperamento el que provee a cada uno de los seres humanos de las cualidades de singularidad, únicas en su género, y que le hacen tan individualmente diferente de sus congéneres como diferentes son las formas que Dios ideó para los cristales de los copos de nieve. Es la fuerza invisible que yace bajo la superficie de toda acción humana, fuerza que puede destruir a una persona normal y útil a menos que se la discipline y dirija.

El temperamento proporciona al hombre fuerzas y debilidades. Si bien nos agrada meditar solamente en nuestras fuerzas, ¡no hay uno solo que no tenga debilidades!

Dios le ha dado al cristiano el Espíritu Santo, que es capaz de acrecentar las naturales fuerzas del hombre y vencer sus debilidades. La intención del autor con la ayuda de los dibujos de John Medina, es la de ayudar al lector a comprender de qué manera el Espíritu Santo lo capacita para superar sus debilidades.

Al escribir este libro he contraído una gran deuda con muchísimas personas. He recurrido a varios de los más conocidos tratados sobre sicología, a mis observaciones como pastor y consejero a través de 18 años y a mis conversaciones con el sicólogo cristiano Dr. Henry Brandt. Muchas de mis conclusiones las he sacado de un libro escrito por el teólogo noruego Dr. Ole Hallesby, titulado *Temperament and the Christian Faith (El temperamento y la fe cristiana)*.

Estoy muy reconocido a numerosos editores por haberme concedido permiso para citar de sus libros. Tal reconocimiento queda expresado en las notas de referencia al final de cada capítulo que contiene dichas citas.

CAPITULO 1

SE NACE CON EL

—¿Por qué será que no puedo controlarme? Sé perfectamente lo que está bien y lo que está mal, ¡pero no lo puedo remediar! Esta afirmación tan frustrante la escuché de labios de un joven comerciante que vino a verme en busca de consejo. No era la primera vez que escuchaba un lamento de esa naturaleza, formulado de una u otra manera; en realidad de verdad, es una experiencia muy común.

Sin duda el apóstol Pablo sentía lo mismo cuando escribió: "...porque el querer el bien está en mí, pero no el hacerlo. Porque no hago el bien que quiero, sino el mal que no quiero, eso hago. Y si hago lo que no quiero, ya no lo hago yo, sino el pecado que mora en mí" (*Ro.* 7:12-20).

Pablo establecía una clara diferenciación entre su persona y esa fuerza incontrolable que moraba en él al expresar que "ya no lo hago yo, sino el pecado que mora en mí". Ese "yo" es la persona de Pablo, el alma, la voluntad y la mente del hombre. El "pecado" que moraba en él era la natural debilidad que, al igual que todos los seres humanos, heredó de sus padres.

Todos hemos heredado de nuestros padres un temperamento que incluye tanto fuerzas como debilidades. La Biblia le asigna a este temperamento diversos nombres, tales como "el hombre natural", "la carne", "el viejo hombre", y "carne corruptible", por no nombrar más que unos pocos. Es el impulso básico de nuestro ser que busca satisfacer sus deseos. La mejor manera Para entender en qué forma controla nuestras acciones y reacciones es establecer, por medio de la definición, las diferencias que hay entre temperamento, carácter y personalidad.

TEMPERAMENTO

El temperamento es la resultante de la combinación de rasgos congénitos que en forma subconsciente afectan el comportamiento del hombre. Estos rasgos se disponen genéticamente en base a la nacionalidad, la raza, el sexo y otros factores hereditarios, y son transmitidos por los genes. Algunos sicólogos sostienen la idea de que más son los genes que recibimos de nuestros abuelos que de nuestros padres. Por ello algunos niños son más parecidos a sus abuelos que a sus padres. El ordenamiento de los rasgos temperamentales es tan impredecible como el color de los ojos, del cabello o del tamaño del cuerpo.

CARACTER

El carácter es el "yo" verdadero. La Biblia se refiere a él como "el hombre oculto del corazón" (1 *Pedro* 3:4, *Versión Nacar-Colunga*). Es el resultado de nuestro temperamento natural modificado por la formación que recibimos en nuestra infancia, por la educación y por las actitudes, creencias, principios y motivaciones básicas. A veces se lo denomina "el alma" del hombre, constituida por la mente, las emociones y la voluntad.

PERSONALIDAD

La personalidad es la exteriorización de nuestro yo, que puede o no confundirse con nuestro carácter según sea nuestra autenticidad. A menudo la personalidad es una conveniente fachada que cubre un carácter débil o desagradable. Muchos juegan un papel, hoy en día, basados en lo que creen que debe ser una persona, y no en lo que realmente es. ¡Excelente fórmula para un caos mental y espiritual! Se origina por ajustarse a lo que los hombres consideran una conducta aceptable. La Biblia nos dice: "El hombre mira lo que está delante de sus ojos, pero Jehová mira el corazón" (1 S. 16:7) y "Guarda tu corazón, porque de él mana la vida" (Pr. 4:23). Es dentro del hombre y no fuera de él, el sitio apropiado para cambiar el comportamiento.

Resumiendo, el temperamento es la combinación de rasgos con los cuales nacemos; el carácter es nuestro temperamento "civilizado"; la personalidad es el "rostro" que mostramos a los demás.

Puesto que los rasgos temperamentales los recibimos genéticamente de nuestros padres, debemos tomar en cuenta ciertos factores del carácter que influyen sobre el temperamento. Sin duda alguna la nacionalidad y la raza juegan un papel importante en el temperamento here-

dado. Usamos expresiones tales como "de nacionalidad excitable", "de nacionalidad indus-
triosa", "de nacionalidad fría" para describir lo
que pareciera saltar a la vista.

Durante una gira misionera por Méjico, ob-
servé las grandes diferencias tribales en ese país.
Me impresionaron sobremanera los indios Sapo-
taco. Muchas otras tribus eran negligentes, in-
diferentes y descuidadas en su manera de vivir.
Los Sapotacos, en cambio, eran una tribu indus-
triosa y dotados de gran capacidad. En una de
las aldeas que visitamos, se esmeraban en la téc-
nica textil, y su sentido de la responsabilidad
ofrecía un marcado contraste con las demás
tribus. Si bien es cierto que la destreza la adqui-
rían aprendiendo, su adaptabilidad y deseo de
superación estaban tan arraigados en todos los
miembros que no quedaba más remedio que
atribuir esa destreza a factores hereditarios.

El sexo de la persona también afecta su temperamento, particularmente en el ámbito de las
emociones. Generalmente se acepta que las
mujeres son más emocionalmente expresivas
que los hombres. Hasta las más duras mujeres
lloran en ciertas ocasiones, mientras que algunos
hombres no lloran jamás.

Los rasgos temperamentales, bajo control o
incontrolados, duran toda la vida. Pero a medida que avanzamos en edad, nuestros rasgos más
duros y agrios tienden a ablandarse y madurar.
El hombre aprende que si quiere vivir en paz con
sus congéneres le conviene poner de relieve lo
que tiene de fuerte y disimular sus debilidades.
Muchos logran desarrollar su carácter y mejorar
su personalidad, pero son comparativamente

pocos los que pueden cambiar su temperamento. Sin embargo, es posible hacerlo, como lo veremos en el próximo capítulo.

¡SE PUEDE CAMBIAR EL TEMPERAMENTO!

El apóstol Pablo tradujo en palabras el desgarrador grito de desesperación que brota del corazón de toda persona sincera que lamenta sus debilidades: "¡Miserable hombre de mí! ¿quién me librará del cuerpo de esta muerte?" (Ro. 7:24, *Versión Reina-Valera* 1909). Su respuesta es electrizante: "Gracias doy a Dios, por Jesucristo Señor nuestro".

¡Efectivamente, el temperamento puede ser cambiado! No hay dudas de que así es, según lo manifiesta claramente Pablo en 2 *Corintios* 5:17: "De modo que si alguno está en Cristo, nueva criatura es; las cosas viejas pasaron; he aquí todas son hechas nuevas".

Ya que el temperamento constituye nuestra "vieja naturaleza", lo que el hombre necesita es una "nueva naturaleza". El hombre adquiere la "nueva naturaleza" cuando recibe a Jesucristo en su vida. El apóstol Pedro podía hablar de este tema por experiencia personal, pues su temperamento cambió espectacularmente al recibir la "nueva naturaleza". En 2 *Pedro* 1:4 se refiere a todos aquellos que "han nacido de nuevo", por fe en Jesucristo, como ". . .participantes de la naturaleza divina, habiendo huído de la corrupción que hay en el mundo a causa de la concupiscencia". La "naturaleza divina" que la obtenemos por medio de Jesucristo, es la única vía de escape al control que ejerce sobre nosotros nuestro natural temperamento, pues solamente por medio de él somos hechos "nuevas criaturas".

Cierto es que algunos pocos individuos, con gran fuerza de voluntad y dominio de sí mismos, logran cambiar algunos aspectos de su temperamento y gran parte de su conducta, pero no curar todas sus debilidades. Aun ellos han caído en sus vicios habituales y dominantes. Satanás conoce muy bien cuáles son nuestras principales debilidades temperamentales, y no dudemos un instante de que usará su poder para derrotarnos. Su mayor deleite, con respecto a los cristianos, es verlos derrotados por sus propias debilidades. Sin embargo, podemos lograr la victoria por medio de Jesucristo, cuyo Espíritu puede hacer que todas las cosas sean nuevas en la vida del creyente.

En cierta ocasión, el doctor Henry Brandt, uno de los más sobresalientes sicólogos cristianos de América, afirmó ante un grupo de pastores que si sus pacientes no aceptaban a Cristo, nada podía hacer por ellos. No sabía de ningún tratamiento, en el ámbito de la sicología, que fuera efectivo para los problemas de comportamiento, pero en Jesucristo encontró la respuesta.

Para ilustrar más aún su absoluta confianza en el poder de Jesucristo, el doctor Brandt dijo una vez: "Podemos recurrir a nuestro trasfondo como una excusa por nuestro comportamiento, solamente hasta el momento de recibir a Jesucristo como nuestro Señor y Salvador personal. Después de eso, contamos con un nuevo poder interior que nos capacita para cambiar nuestra conducta".

Como pastor siempre me ha emocionado vivamente ver de qué manera el Espíritu de Dios toma un temperamento débil y depravado y lo transforma en un vivo ejemplo del poder de Jesucristo.

Admitamos que no todos los cristianos experimentan este poder transformador. Interroguemos a un esposo a o una esposa convertidos y, en algunos casos, aun los niños. En realidad, me duele tener que admitir que la mayoría de los cristianos no experimentan una *completa* transformación de sus temperamentos. La razón salta a la vista: el cristiano no ha "permanecido" en una constante relación con Jesucristo (Ver *Juan* 15:1-14). Pero eso no altera el hecho de que en el preciso instante en que la persona recibe a Jesucristo, recibe al mismo tiempo la "nueva naturaleza" que le posibilita hacer suya la afirmación de que "las cosas viejas pasaron; he aquí todas son hechas nuevas". Veremos que este henchimiento del Espíritu Santo no sólo lo ordena Dios a todos los cristianos (*Ef.* 5:18), sino que controla la naturaleza del hombre de tal manera que vive, literalmente, la vida de Cristo. Pero antes de tratar ese tema, es conveniente que analicemos los tipos temperamentales básicos y saber qué podemos esperar que haga con nosotros el Espíritu Santo.

CAPITULO 3

CONOZCAMOS LOS CUATRO TEMPERAMENTOS BASICOS

Más de 400 años antes de Cristo, Hipócrates, el brillante médico y filósofo griego, propuso la teoría de que hay, básicamente, cuatro tipos de temperamento. Erróneamente pensó que resultaban de los cuatro humores predominantes en el cuerpo humano: "sangre"; "cólera" o "bilis amarilla"; "melancolía" o "bilis negra" y "flema". Hipócrates nominó los temperamentos de acuerdo a los humores que los producían, según su creencia: el Sanguíneo, sangre; el colérico, bilis amarilla; el melancólico, bilis negra y el flemático, flema. Según él, sugerían los temperamentos vivaces, activos, tristes y lentos.

Ya se ha descartado totalmente la idea de que los humores o líquidos corporales determinan los temperamentos pero, aunque parezca extraño, se sigue utilizando la cuádruple clasificación de los mismos. La sicología moderna ha sugerido muchas nuevas clasificaciones para los temperamentos, pero ninguna ha logrado la aceptación universal que aún tiene la de Hipócrates. Tal vez la más conocida de las nuevas clasificaciones es la que divide los temperamentos en "extrovertidos" e "introvertidos". Pero para nuestro propósito no establecen una suficiente separación. Por lo tanto, mantendremos la antigua descripción de Hipócrates.

El lector debe tomar nota de que estos cuatro temperamentos son temperamentos básicos. *Ninguna persona es portadora de un temperamento típico exclusivo.* Descendemos de cuatro abuelos, cada uno de los cuales contribuye, por medio de sus genes, a la formación de nuestro temperamento. Todos ellos pueden haber sido de distintos temperamentos, de ahí que todos los hombres son una mezcla de temperamentos, pero con uno de ellos habitualmente predominante sobre los otros. Hay variados grados de temperamento. Por ejemplo, algunos pueden ser un 60 por ciento sanguíneos y un 40 por ciento melancólicos. Algunos son una mezcla de más de dos, posiblemente de los cuatro, tal como 50 por ciento sanguíneo, 30 por ciento colérico, 15 por ciento melancólico y 5 por ciento flemático. Es imposible determinar un porcentaje exacto de la mezcla, pero ello no es importante. Para los fines de nuestro estudio, lo importante, es determinar el tipo temperamental básico de cada uno de nosotros. Podremos así estudiar las fuerzas y debilidades en potencia, y ofrecer un programa para vencer las debilidades por medio del poder de Dios que mora en nosotros.

Existe un riesgo al presentar a la consideración de los lectores estos cuatro tipos temperamentales; algunos no resistirán la tentación de analizar a sus amigos y pensar en ellos en el marco de "¿a qué tipo pertenece?" Esa es una práctica precaria y desmoralizadora. Nuestro estudio sobre los temperamentos debiera ser para el solo efecto de un *autoanálisis,* que nos ayude a comprender las naturales debilidades o defectos de los demás.

Ahora demos vuelta a la página y conozcamos a. . .

CHISPEANTE SANGUINEO

Chispeante Sanguíneo es el temperamento cálido, campante, vivaz y que goza de la vida. Es receptivo por naturaleza y las impresiones externas llegan fácilmente a su corazón, donde se transforman de inmediato en generosas respuestas. Cuando toma una decisión sus sentimientos predominan sobre sus pensamientos y reflexiones.

El señor Sanguíneo cuenta con una inusitada capacidad para divertirse y generalmente logra proyectar su naturaleza cordial. Cuando entra ;a una habitación llena de gente, levanta los ánimos de todos los presentes con exhuberante charla. Es fascinante oírlo contar cuentos, porque con su naturaleza cálida y emocional logra darle vida a los personajes de su narración.

Nunca le faltan amigos al señor Sanguíneo. Hablando de él, el doctor Hallesby dijo: "Su naturaleza candorosa, espontánea y cordial le abre puertas y corazones". Participa de las alegrías y de las tristezas de las personas con quienes se encuentra y tiene la capacidad de hacerlas sentir importantes, como si fuera un amigo particularmente íntimo, y lo es. . . como lo es la próxima persona que encuentra la cual recibe, a su vez, la misma atención.

Disfruta de la gente, no le gusta la soledad y se siente en el mejor de los mundos cuando está rodeado de amigos donde es "el alma de la fiesta". Tiene un repertorio interminable de historias interesantes que dramatiza al contar, por lo cual resulta un favorito tanto de los niños como de los adultos y su presencia es siempre bien recibida en fiestas y tertulias sociales.

El señor Sanguíneo nunca tiene problemas

por no saber qué decir. Con frecuencia habla antes de pensar, pero su franca sinceridad desarma a los oyentes, que lo acompañan en su buen humor. Su manera de ser sin ataduras, aparentemente excitante y extrovertido, provoca la envidia de los tipos temperamentalmente más tímidos.

La forma ruidosa, jactanciosa y amistosa con que actúa lo hace aparecer más seguro de lo que realmente es, pero su energía y cariñosa disposición le permiten sortear los escabrosos obstáculos de la vida. La gente que lo rodea está dispuesta a excusar sus debilidades diciendo que "esa es la forma de ser de Chispeante".

El mundo sale ganando con esta gente sanguínea jovial y agradable. Triunfan como vendedores, como empleados de hospital, como maestros, como charlistas, como actores como oradores y, ocasionalmente, como líderes.

Conozcamos ahora el segundo temperamento típico. . .

FRENETICO COLERICO

Frenético colérico es el del temperamento fogoso, de genio vivo, activo, práctico, de recia voluntad. A menudo es autosuficiente y muy independiente. Tiende a ser terminante y porfiado; le resulta fácil tomar decisiones tanto para sí como para los demás.

El señor Colérico prospera en la actividad. En realidad, para él "la vida es actividad". No necesita ser estimulado por los que lo rodean, sino que, por el contrario, es él quien los estimula a ellos con su interminable dosis de ideas, planes y ambiciones. Su permanente actividad no se pierde en el vacío, puesto que su mente, aguda y penetrante, le permite tomar decisiones instantáneas y también planear excelentes proyectos de largo alcance. No vacila bajo la presión de lo que puedan pensar los otros. Se define claramente sobre un tema y se lo ve a menudo actuando como cruzado de una gran causa social.

No lo asustan las adversidades; más bien lo estimulan. Posee una tenaz determinación, y muchas veces el éxito le sonríe donde otros fracasan, no porque sus planes fueran mejores que los de ellos, sino porque prosigue empecinadamente la puja cuando los otros se han desanimado y han renunciado al esfuerzo. Si alguna verdad hay en el adagio de que "los líderes nacen, no se hacen", entonces el señor Colérico es un líder nato.

La naturaleza emocional del señor Colérico es la parte menos desarrollada de su temperamento. No simpatiza fácilmente con los demás ni demuestra o expresa compasión por nadie. Más bien se siente molesto o disgustado ante las lágrimas ajenas.   Aprecia poquísimo las artes, porque su interés primordial descansa sobre los valores utilitarios de la vida.

Es rápido para reconocer las oportunidades e igualmente rápido para diagnosticar la mejor manera de aprovecharlas. Cuenta con una mente bien organizada pero le aburren los detalles. No es dado al análisis sino, más bien, a rápidas y casi intuitivas estimaciones; de ahí que tenga la tendencia de mirar hacia la meta tras la cual va corriendo sin fijarse en los hoyos u obstáculos que pudiera haber en su camino. Una vez comenzada la carrera en pos de su meta, es capaz de atropellar sin miramientos derribando a los que se opongan a su paso. Tiende a ser dominante y mandón y no duda un instante en usar a la gente para la obtención de sus fines. Se lo considera un oportunista.

La actitud de autosuficiencia y de fuerte voluntad del señor Colérico le hacen difícil alcanzar a Cristo en la edad adulta. Aún después de convertirse a Cristo, se le hace cuesta arriba confiar activamente en Cristo su vida diaria. Los cristianos de temperamento colérico son los que más tardan en comprender lo que Cristo quiso decir cuando dijo: "Sin mí nada podéis hacer". No hay límites a sus posibilidades como cristianos cuando aprenden a "caminar en el Espíritu" y a "permanecer en Cristo".

Muchos de los grandes generales y líderes de la historia han sido coléricos. Son buenos ejecutivos, hombres de ideas, productores, dictadores o criminales, según hayan sido sus normas morales.

Al igual que el señor Sanguíneo, el señor

Colérico es habitualmente un extrovertido, pero no al grado del anterior.

Conozcamos ahora el tercer temperamento típico. . .

MAESTRO MELANCOLIA

Se habla de "temperamento negro u oscuro" para referirse al Maestro Melancólico. Es el más exquisito de todos los temperamentos porque es un perfeccionista analítico con tendencia al autosacrificio y emocionalmente hipersensible. Nadie como él para apreciar las artes.

Inclinado por naturaleza a ser introvertido, su humor es cambiante porque habitualmente lo dominan sus emociones. A veces su disposición de ánimo lo lleva hasta el éxtasis y lo hace actuar como un extrovertido. Pero en otras ocasiones anda triste y deprimido y, durante esos períodos, se retrae y se vuelve antagónico en grado sumo.

El señor Melancolía es un amigo fiel, pero a diferencia del señor Sanguíneo, le cuesta hacer amigos. No toma la iniciativa para saludar a la gente y espera más bien que sean las otras personas las que lo busquen a él. Tal vez sea el de conducta más responsable de todos los tipos temperamentales, porque sus tendencias perfeccionistas no le permiten desentenderse de sus obligaciones ni dejar librados a su suerte a los que dependen de él. Su natural reticencia no debe interpretarse como falta de apego a la gente. Al igual que todos nosotros, no sólo aprecia a las personas sino que anhela ser querido por ellas. Algunos desengaños que pueda haber experimentado lo hacen renuente a tomar a las personas por lo que son; por eso se muestra desconfiado cuando las personas se le aproximan o cuando lo colman de atenciones.

Su excepcional capacidad analítica le permite diagnosticar con toda precisión los obstáculos o peligros que pudiese haber en cualquier proyecto en cuya planificación haya intervenido. Esto contrasta en forma radical con la persona colérica que raramente se toma el trabajo de meditar con anticipación en los problemas o dificultades que pudieran presentarse, sino que confía en su capacidad para habérselas con cualquier problema que se plantea. Esta característica lo hace reticente a iniciar algún nuevo proyecto y es capaz de provocar un conflicto con los que quieren hacerlo. Ocasionalmente, cuando está en una de sus venas de éxtasis emocional o de inspiración, puede crear una gran obra de arte o producir una acción genial, seguido, a menudo, de períodos de gran depresión.

Habitualmente el señor Melancólico encuentra sentido a la vida a través del sacrificio personal. Pareciera que siente el placer de estar triste, y con frecuencia elige una difícil vocación que entrañe un gran sacrificio personal. Una vez tomada la decisión, tiende a ser concienzudo y persistente en la prosecución del objetivo, y es casi seguro que lo hará a la perfección.

Ninguno de los tipos temperamentales tiene tanto potencial natural como el melancólico, cuando es vigorizado por el Espíritu Santo. Pertenecen al grupo de los melancólicos muchos de los grandes artistas, músicos, inventores, filósofos, educadores y teóricos en general. Es interesante constatar que muchos de los más sobresalientes personajes de la Biblia eran predominantemente melancólicos o con una fuerte tendencia melancólica, tales como Moisés, Elías, Salomón, el apóstol Juan y muchos otros.

Examinemos ahora el cuarto tipo temperamental. . .

TRANQUILO FLEMATICO

Tranquilo flemático toma su nombre de lo que Hipócrates creyó era el humor corporal que originaba ese "temperamento calmo, sereno, lento, tranquilo y equilibrado". La vida, para él, resulta una experiencia feliz y sin peripecias, durante la cual procura no verse envuelto en los problemas de los demás.

El señor Flemático es tan cachazudo y tranquilo que muy pocas veces se irrita, no importa cuales sean las circunstancias. Hierve solamente cuando se le somete a una altísima temperatura y por ello rara vez explota dando rienda suelta a su enojo o a su alegría, por el contrario, ejerce un severo control sobre sus emociones. Es el único tipo temperamental consecuente en todas las ocasiones. Bajo su personalidad serena, reticente, algo tímida, se esconde una verdadera constelación de capacidades. Siente con más intensidad las emociones de lo que aparece a simple vista, y tiene la aptitud de apreciar las artes y las cosas hermosas de la vida.

Al señor Flemático no le faltan amigos, porque disfruta de la compañía de las personas y posee un raro sentido del humor. Es el tipo de persona que puede provocar risotadas en una tertulia mientras él permanece impasible sin esbozar siquiera una sonrisa. Tiene desarrollada al extremo la capacidad de captar lo humorístico en otros y en las cosas que hacen. Su mente ágil y de gran retentiva lo hacen, en ocasiones, un excelente imitador. Una de sus mayores delicias es hacer objeto de sus chanzas a los otros tipos temperamentales. Le molestan los raptos de entusiasmo inútiles y sin sentido del sanguíneo, y le enrostra la futilidad de tal entusiasmo. Le disgusta la triste disposición de ánimo del melancólico y procura ridiculizarlo. Le encanta echar un balde de agua fría sobre los fabulosos planes y ambiciones del colérico.

Procura ser un espectador en la vida y trata de no verse envuelto o comprometido en las actividades de los demás. Y si al final alguien lo convence y logra que haga cosas que lo saquen de su rutina diaria, lo hace a disgusto. Ello no significa, sin embargo, que no comprenda la necesidad de la acción y las dificultades de los demás. Tanto él como el señor Colérico ven con igual claridad la misma injusticia social, pero sus respuestas serán totalmente diferentes. El espíritu de caballero cruzado del colérico lo moverá a decir: "¡Designemos una comisión para organizar una campaña y hagamos algo para mejorar esta situación!" El señor Flemático diría, más bien: "¿Qué condiciones espantosas! ¿Por qué alguien no hace algo al respecto?"

Habitualmente el señor Flemático es una persona simpática y de buen corazón, pero rara vez revela sus verdaderos sentimientos. Pero toda vez que se siente movido a la acción, da pruebas de su extraordinaria capacidad y eficiencia. No busca espontáneamente el liderato, pero cuando las circunstancias se lo imponen resulta un líder sumamente capaz. Ejerce un efecto conciliador sobre los demás y es por naturaleza un pacificador.

El mundo ha salido beneficiado por la presencia del benévolo y eficiente flemático. Es un buen diplomático, contador, maestro, líder, científico y sobresale en cualquier tarea que requiera meticulosidad.

Ahora que conocemos los cuatro temperamentos, comprendemos con toda claridad por qué "las personas son individuos". No solamente existen cuatro tipos temperamentales distintos que originan estas diferencias, sino que las combinaciones, mezclas y grados de temperamento multiplican las posibles diferencias. Sin embargo, y a pesar de ello, la mayoría de la gente revela normas de comportamiento que indican su inclinación a un tipo temperamental básico.

No hace mucho tuve una experiencia que pintó, con trazos nítidos, la diferencia de temperamentos. Me vi obligado a obtener una máquina *Thermofax* para mi compromiso de hablar en una colonia estival de un colegio secundario. Unicamente el Centro Educativo, en la aldea cercana, poseía tal máquina. Al llegar, a la hora acordada de antemano, vi que trabajaban nueve personas en una oficina. El ambiente calmo, sereno, ordenado y eficiente me dijo bien a las claras que estaba en presencia de individuos con temperamentos predominantemente melancólicos o flemáticos.

Esta primera afirmación la confirmé posteriormente cuando el superintendente cuidadosamente computó mi cuenta pero rehusó tomar el dinero porque iba contra los reglamentos de la institución. En lugar de ello me llevó al meticuloso tenedor de libros quien, a su vez, nos envió al cajero, que finalmente decidió que le entregara el pago de un dólar con 44 centavos a la empleada de la computadora telefónica, que era quien guardaba la caja chica, evitando de esa manera que tuvieran que alterarse los libros contables. La solución la dio la caja chica, claro toque de un perfeccionista. El cambio lo tenía cuidadosamente clasificado en pequeñas pilas de monedas de distinto valor.

Mientras contemplaba este plácido ambiente y observaba su calmosa pero evidente preocupación por este ínfimo problema, mi mente, en rápido aleteo voló, muerto de risa, a la escena de la oficina de ventas donde me habían vendido el proyector. Allí los vendedores, el gerente ejecutivo y todos los empleados eran predominantemente tipos extrovertidos de temperamentos coléricos o sanguíneos. ¡El lugar parecía una desorganización organizada! Los papeles tirados por todas partes, los teléfonos y los escritorios desantendidos, la oficina bullía de ruidosa actividad. Finalmente, entre el ruido de las voces escuché al gerente de ventas que le decía a los empleados, con un aire de desesperación: "¡Uno de estos días vamos a poner un poco de orden y organizarnos! "

Estas dos escenas muestran el contraste natural de los rasgos heredados que originan el temperamento humano. También señalan el hecho que los cuatro temperamentos básicos que hemos descrito son necesarios para darle variedad y un fin determinado a este mundo. No se puede decir que un temperamento sea mejor que otro. *cada uno de ellos cuenta con fuerzas y riquezas, pero también, cada uno soporta la carga de sus propias debilidades y peligros.*

Ahora que conocemos los cuatro tipos temperamentales, examinemos en detalle sus naturales fuerzas.

CAPITULO 4

LO POSITIVO Y LO FUERTE EN LOS TEMPERAMENTOS

EL SANGUINEO

¡Nadie goza tanto de la vida como Chispeante Sanguíneo! Es un hombre que no pierde jamás su infantil curiosidad por las cosas que lo rodean. Puesto que sus emociones dependen en tan alto grado de su medio ambiente, un simple cambio de medio ambiente puede hacerle olvidar hasta las cosas desagradables de la vida. Rara es la vez que no se despierta de buen talante, y se pasa la vida cantando y silbando si las circunstancias le permiten albergar pensamientos optimistas. El aburrimiento no forma parte de su personalidad, pues fácilmente deja lo que está haciendo y busca algo que lo fascine más.

Al rasgo natural del señor Sanguíneo, que explica su disposición cordial y optimista, lo define el doctor Hallesby de la siguiente manera: "La persona sanguínea cuenta con la maravillosa facultad de vivir en el presente." Fácilmente olvida el pasado de modo que su ingenio jamás se ve empañado por el recuerdo de angustias y desilusiones. Tampoco se siente frustrado de antemano o temeroso y aprensivo ante futuras dificultades, pues nunca se detiene a meditar demasiado en el porvenir. El sanguíneo vive para el presente y, consecuentemente, tiende a ser muy optimista. Le fascinan las pequeñas cosas como las grandes y eso explica que disfrute de la vida en el día de hoy. Su eterno optimismo le dice que mañana, —sea lo que fuere que ese mañana le tenga deparado— será tan bueno como hoy, o mejor aún. De meditar y planear algunas cosas hoy, podría asegurarse un mañana aún más provechoso, pero no es así como discurre naturalmente el señor Sanguíneo.

Se siente fácilmente inspirado a encarar nuevos planes y proyectos, y su entusiasmo le hace creer que el que está elaborando hoy será un éxito sin precedentes.

La expresividad del jovial señor Sanguíneo y su costumbre de dar la mano y palmear la espalda a todo el mundo, nace básicamente de su genuino amor por la gente. Disfruta de la compañía de otras personas y comparte sus alegrías y dolores. Además le encanta hacer nuevos amigos. Le preocupa que alguien no se divierta en una fiesta y hace todo lo posible para integrarlo al grupo. En casi todos los casos la gente le devuelve amor por amor.

Uno de los haberes más positivos del señor Sanguíneo es su tierno y compasivo corazón. Nadie como él para responder en la forma más genuina y espontánea a las necesidades de los demás. Es capaz, literalmente hablando, de compartir con otros sus experiencias emocionales, sean buenas o sean malas. Por naturaleza le resulta fácil acatar el mandato bíblico de "Gozaos con los que se gozan; llorad con los que lloran". (*Ro.* 12:15). Como médico, el señor Sanguíneo se caracteriza por la simpatía y confianza que despierta en sus pacientes.

Ocurre a menudo que la sinceridad del señor Sanguíneo es malentendida por los demás. Los confunde sus súbitos cambios emotivos. No alcanzan a comprender que su respuesta emocional a los problemas de terceros es genuina y verdadera. Nadie nos puede amar más ni olvidarnos más rápidamente que el señor Sanguíneo. Goza de la placentera capacidad de vivir en el presente; en consecuencia, disfruta de la vida. El mundo sale ganando con esta gente sanguínea, jovial y sensible. Cuando son motivados y disciplinados por Dios, llegan a ser grandes siervos de Jesucristo.

EL COLERICO

El señor Colérico es habitualmente un individuo que ha logrado disciplinarse a sí mismo y con una fuerte tendencia hacia la autodeterminación. Confía a ojos ciegos en su propia capacidad y es excesivamente agresivo. Es el hombre del "movimiento continuo", pero a diferencia del señor Sanguíneo planea cuidadosamente su actividad dándole un claro sentido práctico.

Cuando toma una determinación sobre un proyecto, se aferra tenazmente al mismo, sin desviarse un ápice de la dirección escogida. De él podría decirse, con toda propiedad: "Esta cosa hago". El encarar un asunto a la vez le garantiza el éxito de la gestión. Puede que piense que sus métodos o planes son mejores que los

demás, pero lo que ocurre en realidad es que
sus éxitos, más que a la superioridad de sus
recursos se deberían a su determinación y al
aferrarse a una conducta. El temperamento
colérico se entrega, casi totalmente, a los aspectos prácticos de la vida. Todo lo ve a la luz
de un propósito utilitario y está la mar de contento cuando puede entregarse, cuerpo y alma
a un proyecto que valga la pena. Es un excelente organizador pero no soporta los detalles.
Como médico, es ideal formando parte de un
equipo de emergencia cuando lo que cuentan
son los segundos. Alcanza muchas de sus decisiones más por intuición que por razonamiento
analítico.

El señor Colérico tiene una fuerte tendencia
al liderato. Su vigorosa voluntad tiende a dominar al grupo, juzga con buen criterio a los demás,
y es rápido y audaz en las emergencias. No sólo
aceptará el liderato cuando se lo imponen sino
que espontáneamente se ofrecerá para desempe-
ñarlo. Se lo conoce en todos los círculos como
el "tipo que se hace cargo de". Si no se torna
demasiado arrogante y mandón, los demás res-
ponden bien a su dirección práctica.

La actitud del señor Colérico hacia la vida
en general, dada por la confianza que se tiene,
es casi siempre de optimismo. Es audaz hasta
el punto de renunciar a una posición segura
movido por el desafío de lo desconocido. Tiene
un vigoroso espíritu pionero. Al justipreciar
una situación cualquiera, no ve los obstáculos
en el camino ni los posibles problemas, pues
tiene sus ojos puestos exclusivamente en la
meta que quiere alcanzar. Le acompaña siempre

la inamovible confianza de que no importa cuales sean los problemas que se plantean, será capaz, en todos los casos, de resolverlos. La adversidad no lo desalienta; todo lo contrario le abre el apetito por así decirlo dándole una mayor determinación para lograr su objetivo.

EL MELANCOLICO

De todos los temperamentos el señor Melancólico es, con mucho, el de naturaleza más rica y sensible. Es un genio en potencia, según lo dicen las estadísticas, pues el mayor porcentaje de genios han surgido de las filas de los melancólicos. Sobresale particularmente en las artes y posee una clara visión de los verdaderos valores de la vida. Responde a los estímulos emocionales pero a diferencia del sanguíneo, es dado a la reflexión como corolario de sus emociones.

La mentalidad del señor Melancólico es notoriamente creativa, y cuando su exacerbación emocional alcanza su máxima intensidad, se lanza con entusiasmo a inventar algo o a elaborar una sana y valiosa producción creadora.

El señor Melancólico es un auténtico perfeccionista. Para él lo sobresaliente es la norma, y para dar su conformidad a una realización cualquiera, exige un nivel tan elevado que a veces nadie, ni siquiera él mismo, la puede alcanzar. Esta tendencia lo conduce a la introspección, y con frecuencia revive acontecimientos y decisiones tomadas en el pasado, pensando cuánto mejor lo haría ahora si se le diera otra oportunidad.

La aptitudes analíticas del melancólico, combinadas con sus tendencias perfeccionistas, lo hacen empecinadamente detallista. Toda vez que un sanguíneo o un colérico sugieren un proyecto, el señor Melancólico puede analizarlo en contados minutos y descubrir de un vistazo los problemas potenciales del mismo. Por ello da la impresión de oponerse a todo como un verdadero "especialista en problemas". Pero es algo que le es inherente.

Esta capacidad analítica le permite destacarse en el campo de las matemáticas, de las ciencias teóricas, del diagnóstico médico, de la arquitectura, de la medicina, de la literatura y de otras vocaciones donde se requiera precisión.

Los favorecidos con el temperamento melancólico no tienen que esforzarse para ser fieles; les viene naturalmente. Por lo general el melancólico no cuenta con un gran número de amigos, a diferencia del sanguíneo, pero logra mantenerlos y, literalmente, "daría su vida por sus amigos".

Siempre se puede confiar en que el melancólico terminará su trabajo en la fecha establecida y ejecutará la parte que le corresponde en cualquier tarea.

El señor Melancólico rara vez busca ocupar una posición conspicua; prefiere quedar entre bambalinas. Suele escoger una vocación sacrificada pues lo mueve un extraordinario deseo de entregarse a sí mismo para el mejoramiento de sus congéneres.

El señor Melancólico conoce al dedillo sus propias limitaciones y es por ello que rara vez toma a su cargo más de lo que puede ejecutar.

Tiende a ser reservado y raramente adelanta

sus opiniones o ideas. Sin embargo, cuando su opinión le es requerida, siempre la tiene a mano, y cuando responde se deja ver que la situación ha merecido un profundo análisis y su opinión bien vale la pena de ser escuchada. No se gasta en palabras como el sanguíneo, sino que es preciso y dice exactamente lo que quiere decir.

EL FLEMATICO

El sereno y permanente buen humor del flemático lo guarda de verse envuelto y comprometido en las cosas de la vida, lo cual le permite ver el lado humorístico de toda experiencia humana por más tétricas que sean. Sus humoradas arrancan carcajadas de los demás. Pareciera poseer una capacidad innata para escoger el momento oportuno de expresar su sentido del humor y su frondosa imaginación.

Por naturaleza resulta un excelente consejero. Su manera de ser tranquila y serena le facilita el poder escuchar, en tanto que a los temperamentos sanguíneo y colérico les resulta dificilísimo prestar atención a una larga perorata de tribulaciones ajenas. También goza de la capacidad de no identificarse demasiado con la persona y por ello puede ser objetivo en sus juicios. No adelante sus consejos a borbotones sino que lo hace sesudamente y con precisión.

El señor Flemático es la confiabilidad en persona. No sólo se puede confiar de él en el sentido de no variar su manera de ser jovial y bonachona, sino también de que siempre cumplirá sus obligaciones y plazos fijados. Al igual que el melancólico es un amigo fiel y si bien no se deja envolver en los asuntos de otros, rara es la vez que se muestra desleal.

El señor Flemático también es práctico y eficiente. Pensando las cosas ahorra energía, y eso explica que desde temprana edad desarrolla su aptitud para analizar una situación. Como no se siente emocionalmente estimulado a tomar súbitas decisiones, tiende a encontrar la manera práctica de lograr un objetivo con el mínimo esfuerzo. Puede ejecutar bien su trabajo aun cuando esté sometido a una fuerte presión. En realidad de verdad, muchas veces rinde el máximo en circunstancias que harían venirse abajo a otros temperamentos.

Su trabajo lleva impresa la marca de prolijidad y eficiencia. Si bien no es un perfeccionista, se mantiene a un alto nivel de exactitud y precisión. El orden que se observa sobre su mesa de trabajo, en medio del maremágnum de un gran proyecto, es motivo de permanente asombro de parte de los temperamentos más activos. Ha descubierto que tener cada cosa en su lugar y un lugar para cada cosa es mucho más fácil y, a la larga, se pierde menos tiempo, por lo tanto es un hombre de hábitos ordenados.

RESUMEN

La diversidad de fuerzas que proveen los cuatro temperamentos hace que el mundo funcione adecuada y equilibradamente. No se puede decir que un temperamento sea preferible a otro. Cada uno dispone de sus propias fuerzas vitales y hacen una valiosa contribución a la vida.

Alguien, en tono de chanza, señaló el siguiente

orden de eventos referidos a los cuatro temperamentos: "El impetuoso colérico fabrica lo que
inventó el genial melancólico, que vende el
apuesto sanguíneo y del cual disfruta el tranquilo flemático".

Las fuerzas positivas de los cuatro temperamentos los hacen atractivos, y debemos felicitar-
nos de que todos poseemos, en algún grado, algunas de esas fuerzas. Pero hay más. Por importante que sean las fuerzas temperamentales, más
importante aún, para los fines que perseguimos,
son sus debilidades. En el próximo capítulo
trataremos de establecer el contraste entre las
fuerzas y las debilidades temperamentales. Con
eso pretendemos que cada uno haga el propio
diagnóstico de sus debilidades y planifiquen cuidadosamente la manera de superarlas.

No temamos ser objetivos en cuanto a nosotros mismos y enfrentemos honestamente nuestras debilidades. Mucha gente que cree saber,
a esta altura de la exposición, cual es su temperamento predominante, cambia súbitamente de
opinión cuando se ve enfrentada a sus desagradables debilidades. A las fuerzas se contrapo-
nen sus correspondientes debilidades, de modo
que encarémosla en forma realista, y luego permitamos a Dios que las cambie.

CAPITULO 5

DEBILIDADES TEMPERA_ MENTALES

EL SANGUINEO

Cuando se lo observa detenidamente, se comprueba que la incensante actividad del sanguíneo no es más que un movimiento sin descanso. Con frecuencia es poco práctico y desorganizado. La naturaleza emocional que le es propia hace que se excite en forma instantánea y, antes de analizar todo el panorama, atropella, con los ojos cerrados, en dirección equivocada. Pocas veces resulta un buen estudiante debido, precisamente, a su espíritu inquieto. Esto se proyecta a su vida espiritual, pues le resulta difícil concentrarse para leer la Palabra de Dios. Su indisciplinada actividad resulta, a la larga, improductiva. En la práctica rara vez el sanguíneo está a la altura de lo que potencialmente podría rendir. No encara los problemas yendo al fondo de la cuestión, sino que los ataca tangencialmente y a menos que logre un cierto grado de disciplina, su productividad es efímera aparte de ser escasa.

El señor Sanguíneo se las arregla por la fuerza de su dinámica personalidad. Pero esa personalidad dinámica muchas veces no es más que una fachada que esconde un carácter débil. Básicamente su problema está planteado en términos de inseguridad e indisciplina. Si el señor Sanguíneo se disciplinara, no habría límites a su potencialidad.

Es único para comenzar cosas y no terminarlas nunca. Al pedírsele que tome una clase en la escuela dominical o acepte otro cargo cualquiera en la iglesia, acepta instantáneamente. El meditar un rato antes de responder, a la luz de su tiempo, de sus capacidades y de otros compromisos contraídos, no forma parte de su hechura. Le encanta agradar. No conoce sus limitaciones y si bien actúa espléndidamente como "hombre de empuje" para un grupo, de no contar con el estímulo del grupo se le hace muy difícil ejecutar las indispensables tareas preliminares.

Sin proponérselo olvida fácilmente sus resoluciones, citas y obligaciones. No puede esperarse de él que se ajuste a un horario o cumpla con los plazos prometidos.

La mayor peligrosidad de su débil carácter radica en el hecho de que es propenso a modificar sus principios morales, conformándolos según el medio ambiente que lo rodea. No es un hombre de resoluciones permanentes ni de lealtades.

La personalidad complaciente del señor Sanguíneo, que en su juventud lo hace aparecer más maduro de lo que es respecto de los jóvenes de su misma edad, le permite alcanzar posiciones prominentes muy temprano en la vida y, por ende, aumentar aún más su natural egolatría. A veces domina y acapara la conversación a tal grado que se torna detestable. Y a medida que pasan los años tiende a hablar cada vez más de sí mismo y a ocuparse exclusivamente de cosas que le interesan a él, creyendo que los demás están igualmente interesados.

La inestabilidad emocional del señor Sanguíneo surge clara de la afirmación del doctor Hallesby: "Nunca está lejos de las lágrimas". Esto es cierto a pesar de ser el "temperamento alegre" por excelencia. Se desanima fácilmente y puede caer en el hábito de excusar sus debilidades o de sentir lástima de sí mismo.

Su naturaleza cálida puede encender su ira por combustión espontánea, y en un arranque súbito es capaz de "perder la chaveta". Sin embargo, luego de esa reacción explosiva, se olvida totalmente del asunto. Es la clase de persona que encaja a la perfección en el cliché tan conocido: "Nunca enferma de úlceras; se las provoca a los demás". Esa inestabilidad emocional lo hace apesadumbrarse por sus arranques, y está siempre dispuesto a pedir disculpas. En el ámbito espiritual, el señor Sanguíneo se arrepiente por la misma cosa una y mil veces.

De todos los tipos temperamentales, el señor Sanguíneo es el que mayores problemas tiene con la lujuria. Siendo emocionalmente receptivo, es tentado más fácilmente que los otros. Si a ello se agrega su carácter débil, resulta que muchas veces cede a la tentación. A este respecto, constituye un peligro su disposición a vivir en el presente, ya que piensa más en la tentación inmediata que en su hogar donde le aguardan su esposa y sus hijos. Una de las cosas que debería buscar, bajo la dirección del Espíritu, es el don de la templanza o del domi-

nio de sí mismo. Debería acatar el mandamiento escritural "Huye también de las pasiones
juveniles" (2 *Ti.* 2:22) y "no proveáis para los
deseos de la carne" (*Ro.* 13:14).

Al igual de lo que ocurre con los otros tres
temperamentos, lo que más necesita el señor
Sanguíneo es ser llenado con el Espíritu Santo.
Las mayores necesidades espirituales del temperamento sanguíneo son templanza o dominio
de sí mismo, paciencia, fe, paz y benignidad.

EL COLERICO

Las admirables características del señor Colérico se acompañan de algunas graves debilidades.
Entre las más prominentes figuran sus rasgos de
dureza, ira, impetuosidad y autosuficiencia.

El señor Colérico padece de una notoria deficiencia emocional. La compasión cristiana es
extraña a su naturaleza, y tiende a ser indife-
rente, duro y falto de conmiseración hacia los
demás, hacia sus sueños, sus realizaciones y
necesidades. La simpatía que destila el sanguíneo la considera como una "estupidez sentimental".

Mucha de la energía que impulsa al colérico
para la consecución de sus fines es generada
en su disposición exaltada. Puede tornarse
violentamente iracundo, y luego de volcar su
rabia sobre los objetos de su desagrado atesora
su rencor por largo tiempo. Es famoso por su
espíritu vengativo y es capaz de llegar a cualquier
extremo para desquitarse de quien le ha cometido una injusticia. Esta disposición iracunda
le acarrea una gran dosis de malestar en la vida

haciendo que su compañía sea totalmente inde-
seable. Desde el punto de vista físico es propenso a adquirir una úlcera antes de cumplir los
cuarenta años de edad, y desde el punto de vista
espiritual entristece al Espíritu Santo debido a
su amargura, enojo y cólera.

En el señor Colérico hay una veta de consu-
mada crueldad que lo hace pisotear sin miramientos los sentimientos y derechos de los
demás, en su esfuerzo por lograr sus propósitos.
A menos que tenga vigorosas normas morales,
no dudará un instante en atentar contra la ley
o recurrir a cualquier recurso taimado con tal
de triunfar. Muchos de los más depravados
criminales y dictadores del mundo han sido
coléricos.

La capacidad que tiene el señor Colérico para
tomar decisiones, lo lleva a la impetuosidad que
lo mete en difíciles situaciones y lo hace em-
prender actividades de las que luego se arrepiente. A pesar de ello, y debido a su inveterado
orgullo, no ceja en sus propósitos y se aferra,
bostinada y tercamente, a sus decisiones. Le
resulta casi imposible pedir disculpas, y muchas
veces espeta, sin consideración alguna, crueles,
descorteses y sarcásticas invectivas, hirientes a
más no poder. Pocas veces expresa su aprobación, y en la vida matrimonial esa es una de las
causas que acongojan al cónyuge. El dominio
de sí mismo puede ser tan perfecto, que aun
en los peores ataques de ira, puede no aporrear
a su esposa, pero en lugar de ello la golpea con
el más devastador garrote de la desaprobación.
Nada hay más deprimente para la dignidad que
merecer la censura de la persona que más se ama.

La fuerte tendencia del señor Colérico hacia la independencia y la seguridad en sí mismo lo hacen un individuo excesivamente autosuficiente. Unos cuantos éxitos lo transforman en una persona orgullosa, arrogante y dominadora, al grado de hacerlo insoportable. A pesar de todas sus capacidades, estas tendencias terminan hartando a los demás, y por contraste, crean en todos el frustratorio sentimiento de que jamás lo pueden conformar.

A menos que entregue su vida a Cristo en la niñez, el Colérico es más difícil de alcanzar espiritualmente que ningún otro adulto. Su autosuficiencia se proyecta a su ámbito espiritual convenciéndolo de que no necesita ni de Dios ni de los hombres. Tiende a considerar sus realizaciones como excelentes obras que más que compensan por las malas obras que comete para la consecución de sus metas. Aún después de su conversión a Cristo le resulta difícil aceptar que debe depender del Señor. Cuando haciendo un esfuerzo trata de leer la Biblia y de orar, su mente activa salta fácilmente a otros derroteros que lo llevan, por ejemplo, a planificar la actividad de ese día. Y a menos que el Espíritu de Dios lo toque vigorosamente y le permita ver el poder de lo sobrenatural, considera que las devociones practicadas en forma regular son poco prácticas y constituyen una lamentable pérdida de tiempo. De todos los temperamentos es el que más necesita de los frutos del Espíritu, es decir, amor, paz, benignidad, paciencia, mansedumbre y bondad.

EL MELANCOLICO

Los rasgos egocéntricos del temperamento melancólico han sido magistralmente descritos por el doctor Hallesby, y por ello transcribimos textualmente de dicho autor: "Es mas egocéntrico que ninguno de los otros temperamentos. Siente inclinación por cierto tipo de autocontemplación y de autoexamen que paraliza su voluntad y su energía. Se somete a una prolija disección de sí mismo y de sus condiciones mentales, capa por capa, como si pelara una cebolla, hasta acabar con todo vestigio de naturalidad y sencillez en su vida; lo único que le queda es su autocrítica. Y esta introspección no solamente es desafortunada sino también perjudicial. Los melancólicos habitualmente se sumen en la morbidez mental. Se preocupan no solamente por su estado espiritual sino también y de manera exagerada por su condición física. Todo lo que roza al melancólico es para él de máxima importancia, de ahí que ningún otro tipo puede transformarse tan fácilmente en un hipocondríaco." (*)

Si el melancólico no corrige este rasgo egocéntrico que le es propio puede arruinar toda su vida. Su naturaleza sensible, sumada a su egocentrismo, lo hace proclive a sentirse ofendido o insultado con toda facilidad. Literalmente "lleva sus sentimientos a flor de piel". Es propenso a ser desconfiado y dado a "perversas conjeturas". Si dos personas hablan en voz baja, se imagina que hablan de él. Esta forma de

---

(*) *Temperament and the Christian Faith* (El temperamento y la fe cristiana) O. H. Hallesby, Copyright 1962, Augsburg Pub. House.

pensar puede desembocar en los casos más graves en una manía de persecución.

Debido a su perfeccionismo y a sus cualidades analíticas, el señor melancólico tiende a ser pesimista. No solamente es capaz de prever el final de un proyecto cualquiera, sino también —y esto para él es lo más real— todos los problemas que habrán de plantearse en la ejecución del mismo. Pero no termina ahí su pesimismo. No le cabe la menor duda de que el resultado final no será ni siquiera, tan bueno como se prometió, y puesto que sufrió desilusiones en el pasado, está seguro de que sufrirá una nueva desilusión.

Esta perspectiva pesimista lo torna indeciso y teme tomar decisiones porque no quiere equivocarse y correr el riesgo de que las cosas resulten por debajo del alto nivel perfeccionista que se ha fijado como norma en su vida.

Nadie más crítico que el melancólico. Tiene la tendencia a ser inflexible en lo que espera de los demás seres humanos y no se conforma sino con lo mejor. Más de un perfeccionista ha arruinado un espléndido matrimonio, porque su esposa no superó el noventa por ciento de lo que él esperaba de ella. Cualquier ínfimo error, él lo mira a través de la lupa del perfeccionismo, y en lugar de ver todo lo bueno, ve amplificado lo malo. Esta crítica, si bien a veces no la expresa verbalmente, la deja entrever con toda claridad adoptando una actitud orgullosa, altiva y a veces arrogante, porque menosprecia a la gente que no está a la altura de sus normas perfeccionistas. Justo es reconocer que es tan crítico consigo mismo como con los demás.

Y cuando se trata del matrimonio, al melancólico se le hace un mundo dar el "gran paso". Tiende a "idealizar" a una mujer a la distancia, pero luego, cuando la conoce mejor, por más atractiva que sea, descubre que no es otra cosa que un ser humano y que, como tal, tiene sus debilidades. Sucede muchas veces que el melancólico está realmente enamorado de una mujer, a pesar de sus debilidades, pero duda de casarse con ella debido a las mismas. Como lo dice el doctor Hallesby: "Muchos hombres permanecen solteros simplemente por el hecho de ser melancólicos. Puede ocurrir que ellos piensen que son melancólicos debido a su soltería." La verdad del asunto es que probablemente sean solteros porque son melancólicos.

Ninguno como el melancólico para los cambios de humor. En algunas ocasiones alcanza la cima de una exuberancia emocional, pero eso ocurre como excepción y no como regla.

Más frecuentemente el señor Melancólico —a menos que cuente con el estímulo del Espíritu Santo— está triste, deprimido, y atravesando un período de gran desesperación. Fue esta tendencia, justamente, la que hizo que Hipócrates pensara en él como el tipo de fluido "negro".

Esta combinación de tristeza y mal humor provoca un círculo vicioso. Aun los que aprecian cuando "actúa tal cual es" se molestan y hasta se disgustan con él cuando atraviesa, sin causa aparente, por un período depresivo. En consecuencia tratan de evitarlo y su naturaleza hipersensible lo percibe de inmediato, lo cual lo lleva a profundidades de tristeza aún mayores. Este solo rasgo puede arruinar la vida del melancólico, a menos que se vuelva a Jesucristo en busca de la paz y de la alegría que sólo él puede brindar. Con frecuencia su carácter taciturno es el resultado de su manera de pensar egocéntrica, que debe cambiar para lograr una mente sana y posibilitar que su naturaleza, pródiga y capaz, produzca su máximo potencial. La triste disposición del señor Melancólico le crea el hábito de escapar a las realidades presentes recurriendo a la práctica de soñar despierto. Tal es su insatisfacción por las imperfecciones actuales, que tiende a mirar al pasado. Y más feliz se siente cuando más remotamente se aleja. Cuando se cansa de pensar en el pasado, sueña con un maravilloso futuro. Esta forma de pensar que le permite escapar de la realidad ¡ es extremadamente peligrosa! No solamente paraliza su voluntad y energía, sino que puede desembocar en la esquizofrenia.

El melancólico debería buscar denodadamente la ayuda del Espíritu Santo para dejar de mirarse a sí mismo y tender la mirada hacia "los campos blancos para la siega" de las personas necesitadas que lo rodean. Una de las más dinámicas ilustraciones del poder del evangelio de nuestro Señor Jesucristo, es ver al triste y taciturno melancólico transformado por la gracia de Dios y llevando en alto el estandarte de la Gran Comisión, con un elevado propósito en la vida que le hace pensar en los otros más que en sí mismo.

Otra característica del temperamento melancólico es su propensión a ser vengativo. Se le hace muy difícil perdonar una afrenta o un insulto.

Si bien en la superficie aparece calmo o sereno, por debajo se agitan las turbulentas aguas del odio y la animosidad. Tal vez nunca lo manifieste en acción, como lo haría el colérico, pero puede atesorar esa animosidad y acariciar por años su deseo de venganza.

Este espíritu implacable que no perdona y que busca la venganza, a veces pesa más que su brillante capacidad deductiva, y le hace tomar decisiones basadas en el prejuicio. Puede llegar al colmo de dar al traste con un excelente proyecto, con el cual está básicamente de acuerdo, por el mero hecho de que la persona que lo dirige lo ha ofendido alguna vez en el pasado. Si bien por lo general no manifiesta externamente su cólera, cuando abriga su animosidad por un período suficientemente prolongado, puede ocurrir que pierda completamente su control en un arranque de ira.

Ahora que hemos analizado las potencias y debilidades del temperamento melancólico, vamos a dirigir la atención a un hecho por demás interesante. El temperamento que cuenta con las mayores fuerzas y virtudes generativas, se acompaña por lo que pareciera ser la mayor de las debilidades en potencia. Esto podría justificar una observación personal en el sentido de que existen muy pocos melancólicos "término medio". En otras palabras el melancólico utiliza lo que tiene de fuerte al punto de sobresalir entre sus congéneres, o es dominado por sus debilidades y se hunde por debajo del nivel de los demás, tornándolo en un individuo del tipo neurótico, desconsolado e hipocondríaco que ni disfruta ni es disfrutado por quienes lo rodean.

Un gran consuelo para los melancólicos es el hecho de que la mayoría de los más notables personajes bíblicos fueron predominantemente melancólicos. Pero el éxito de todos estos hombres se debió a que "creyeron en Dios". La fe en Cristo es capaz de elevar a esta gente por encima de su propio temperamento, al punto de que vive la "nueva vida en Cristo Jesús". Las principales necesidades del melancólico son amor, gozo, paz, benignidad, fe y templanza.

EL FLEMATICO

La más notoria debilidad del señor Flemático es su tendencia a ser lento y ocioso. A menudo se comporta como si "arrastrara los pies", porque le ofende que lo hayan estimulado a la acción contra su voluntad, de modo que hace las cosas con la mayor lentitud posible.

Su falta de motivaciones lo hace ser espectador en la vida y lo inclina a hacer lo mínimo indispensable. Esta característica le impide llevar adelante muchos de los proyectos en los cuales ha pensado, y para cuya ejecución le sobra capacidad, por la simple razón de que para él es "demasiado trabajo". El movimiento continuo del sanguíneo y la actividad del colérico le molestan porque teme que lo impulsen a trabajar.

Debido a su agudo sentido del humor y a su habilidad como observador disimulado, echa mano a su ingeniosa capacidad para jugarles chanzas a quienes lo molestan o amenazan motivarlo.

A este respecto ha dicho el doctor Hallesby:

"Si el sanguíneo asiste a una reunión pleno de fogoso entusiasmo, el flemático se pone frío como el hielo. Si el melancólico se muestra pesimista, lamentando las miserias del mundo, el flemático se torna más optimista que nunca y lo abruma con bromas pesadas. Si es el colérico el que llega, rebosante de entusiasmo por sus planes y proyectos, no hay mayor placer para el flemático que arrojar un balde de agua fría a su entusiasmo, y con su claro juicio y aguda inteligencia le resulta más que fácil señalar los puntos débiles de las propuestas del colérico."

Si lo desea puede utilizar su rica imaginación para irritar y hacer enojar a los demás, mientras él jamás se excita o pierde su compostura.

Otra de las debilidades del señor Flemático es su egoísmo. Muchas veces este rasgo se torna más aparente con el correr de los años, pues aprende a protegerse.

Se opone tercamente a todo tipo de cambios. No quiere correr el riesgo de verse comprometido. Detesta apartarse de su conservadurismo, particularmente referido a conservar sus propias energías.

A veces al madurar, aprende a disfrazar su terquedad con un matiz de tranquilo buen humor, al par que se afirma en su obstinación. Cada vez que por el activismo de otros se ha visto forzado a participar en proyectos que a la postre resultaron fallidos, aumenta su resistencia a colaborar en futuras acciones. Su terquedad lo hace tacaño y egoísta, pues su primer pensamiento será casi siempre "¿Cuánto me va a costar?" o "¿Cuánto me va a significar?". Si bien es cierto que el egoísmo es una debilidad de la cual participan los cuatro temperamentos, probablemente al señor Flemático le corresponde la mayor dosis.

Con los años, el señor Flemático se torna más indeciso, hecho que se explica, básicamente, por su reticencia a verse "envuelto". Su claro discernimiento y su tranquila y analítica capacidad, le permiten captar una manera mejor de hacer las cosas, pero para el tiempo en que se decide a proponerlas, ya el grupo está en plena marcha impulsado por alguno de los activistas, y cumpliendo el programa que a él no le parecía bien. De ahí que participe del mismo en forma desganada, solamente en la medida en que se lo requieran, porque en el fondo de su corazón está convencido de que su plan era mejor.

Otro de los factores que lo hacen indeciso, es que aun cuando pueda analizar una situación y arribar a un método práctico para ejecutarla, a menudo contrapesa el método con su disposición o no disposición a comprometerse. De ahí su tendencia a vacilar en la disyuntiva de querer hacer algo y no querer pagar el precio. Esta práctica de la indecisión, por así decirlo, puede terminar en un hábito inveterado que supera su natural practicidad.

Las principales necesidades del flemático son: amor, bondad, mansedumbre, templanza y fe.

RESUMEN

Con esto completamos nuestro rápido vistazo a las principales debilidades de los temperamentos. Esperamos que no haya sido demasiado desalentador. El doctor Hallesby expresó los

defectos de los cuatro temperamentos, en su
relación con los demás, de la siguiente manera:
"El sanguíneo disfruta de la compañía de la gente y luego se olvida de ellos. Al melancólico
le molestan los demás, pero deja que sigan sus
propios torcidos caminos. El colérico utiliza
a las personas para su propio beneficio; después
las ignora. El flemático las estudia con arrogante indiferencia." Según esta opinión pareciera que no hay esperanzas para ninguno de los
temperamentos, pero el temperamento no es
carácter ni personalidad o —más importante
aún— no es temperamento controlado por el
Espíritu.

Poco tiempo atrás mi esposa tuvo una experiencia que ilustró gráficamente el contraste
entre dos de estos temperamentos naturales.
Ocurrió mientras viajaba, sentada en los últimos
asientos, en el ómnibus expreso de la línea a
San Diego. El ómnibus se detuvo para levantar
un pasajero y se demoró más tiempo de lo
habitual. Esto provocó la irritación de varios
de los pasajeros, que estiraban el cuello para
ver cuál era la causa de esa prolongada demora.
Finalmente, y a punto de estallar el mal genio
de algunos, apareció una anciana lisiada, pagó su
pasaje, y en forma lenta y laboriosa tomó
asiento. Cuando se hubo sentado se dio vuelta
y, con la más encantadora sonrisa sanguínea,
dibujada en su atractivo rostro, dijo en voz alta
y alegre: "Muchísimas gracias por haberme
esperado. Siento haberlos demorado." Mi
esposa quedó asombrada por la transformación
que se produjo en la actitud de los pasajeros,
aun en los más quejosos, al sentirse obligados

a responder con una sonrisa el cordial saludo de la señora sanguínea. Esta querida señora tenía la agradable capacidad sanguínea de poder olvidar el desagradable pasado, de no temer al incierto futuro y de gozar del hermoso sol radiante del presente, y lograr al mismo tiempo, que otros respondan a su disposición de ánimo.

Apenas tres kilómetros después del ómnibus nuevamente se detuvo un largo rato. Créanlo o no, otra señora lisiada ascendió al vehículo y se sentó en el asiento que daba al frente de la señora sanguínea. Mi esposa no podía ver a la distancia si la señora que ascendió último era una señora colérica o una señora melancólica, pero lo que si podía ver era la ausencia total de brillo, sonrisas y alegría; por el contrario lo único que mostraba eran las huellas de la amargura, el resentimiento y la desgracia, marcadas profundamente en su rostro. En el preciso momento en que se sentó, la señora sanguínea ¡puso manos a la obra! La saludó con su más alegre sonrisa, y luego comenzó a reirse y a bromear con su desdichada vecina, y al cabo de pocos minutos su compañera esbozó una amplia sonrisa que ninguno de los pasajeros la creyó capaz de esbozar.

Este relato ilustra muchas cosas, pero quiero utilizarlo para demostrar que las circunstancias no deben, obligadamente, determinar nuestras reacciones. La preponderancia de nuestras fuerzas o debilidades temperamentales dependen de nuestra elección. Tanto es así, que no todos los lisiados sanguíneos son alegres y no todos los lisiados melancólicos son malhumorados. Pero los cristianos pueden superar sus naturales debilidades y acrecentar sus naturales fuerzas por medio del henchimiento sobrenatural del Espíritu Santo.

EL HOMBRE LLENO DEL ESPIRITU

EL TEMPERAMENTO LLENO DEL ESPIRITU

"El fruto del Espíritu es amor, gozo, paz, paciencia, fe, mansedumbre, templanza. . ."
Gálatas 5:22-23

El temperamento lleno del Espíritu Santo carece de debilidades; por el contrario cuenta con nueve vigorosas fuerzas. Este es el hombre como Dios quiere que sea. No importa cuál sea su temperamento natural; cualquier hombre lleno con el Espíritu Santo, sea sanguíneo, colérico, melancólico o flemático, manifestará estas nueve características espirituales. Seguirá contando con sus propias potencias naturales, manteniendo su individualidad, pero no será dominado por sus debilidades. Las nueve características del Espíritu transformarán sus debilidades.

A todas estas características se las encuentra en la vida de Jesucristo. Es el supremo ejemplo del hombre controlado por el Espíritu. Un estudio fascinante de la vida de Cristo sería catalogar las ilustraciones de estas nueve características como aparecen en los Evangelios. Mencionaremos algunas a medida que estudiemos cada característica por separado.

Estas nueve características representan lo que

Dios quiere que sean cada uno de sus hijos. Las examinaremos en detalle para facilitar la comparación con nuestro comportamiento actual. Ahora que ya tenemos un panorama mejor y más objetivo tanto de nuestras fuerzas como de nuestras debilidades, estamos en condiciones de acudir al Espíritu Santo para que nos llene, para poder ser lo que Dios quiere que seamos. Demás está decir que toda persona que manifieste estas características es un ser humano feliz, ubicado, maduro y fructífero. Estoy más que convencido que en el corazón de todo hijo de Dios hay un profundo anhelo de vivir este tipo de vida. Y esta clase de vida no se logra por el esfuerzo humano, sino por la sobrenatural acción del Espíritu Santo que controla todas y cada una de las áreas del cristiano.

El *amor* es la primera de las características que figuran en el catálogo de Dios sobre las cualidades del temperamento lleno del Espíritu. Y ese amor se manifiesta tanto hacia Dios como hacia nuestros congéneres. Dijo el Señor Jesús: "Amarás al Señor tu Dios con todo tu corazón, y con toda tu alma, y con toda tu mente", y "Amarás a tu prójimo como a ti mismo" (*Mt.* 22:37,39).

No hay duda alguna: ¡este tipo de amor es sobrenatural! Un amor a Dios que hace que el hombre se interese más en el reino de Dios que en el reino material en el cual vive es sobrenatural, porque el hombre, por naturaleza, es un ser egoísta. El amor a nuestros congéneres, que siempre ha sido una marca de pureza o buena calidad del cristiano devoto, no está limitado por el temperamento. También es cierto que el señor Colérico, como cristiano, tendrá que recurrir al Espíritu Santo con más frecuencia que el señor Sanguíneo, en busca de una nueva dosis de amor, pero si el Espíritu Santo controla su vida, él también será un individuo compasivo, tierno y amante.

Hay personas que tienen por naturaleza una fuerte inclinación humanitaria y manifiestan su amor en actos admirables. Pero el amor que describimos aquí no se reduce a los que despiertan en nosotros admiración y compasión, sino para todos los hombres. El Señor Jesús dijo: "Amad a vuestros enemigos. . . y haced bien a los que os ultrajen" (*Mt.* 5:44). Este tipo de amor jamás es generado por el hombre. Solamente Dios lo puede generar. Una de las más sugestivas y fascinantes evidencias de lo sobrenatural en la experiencia cristiana, es ver que dos personas afectadas de "conflictos de personalidad", que es otra manera de expresar los conflictos temperamentales, pueden entenderse y amarse con un genuino amor. Los doce apóstoles representaban a los cuatro tipos temperamentales que hemos analizado y, sin embargo, el Señor Jesús pudo decir de ellos: "En esto conocerán todos que sois mis discípulos, si tuviereis amor los unos con los otros" (*Jn.* 13:35). Muchas de las aflicciones y congojas de una iglesia se habrían evitado si sus miembros hubieran buscado la plenitud del Espíritu Santo para obtener esta primera característica del temperamento lleno del Espíritu.

Si quisiéramos someter una prueba nuestro amor a Dios, podemos aplicar el simple método que nos dio el Señor Jesús: "Si me amáis, guardad los mandamientos" (*Jn.* 14:15). Preguntémonos, solamente: "¿Soy obediente a sus mandamientos, tal cual están revelados en su Palabra? " Si la respuesta es negativa, significa que no estamos llenos con el Espíritu Santo.

La segunda característica temperamental del hombre lleno del Espíritu, es el *gozo.* R. C. H. Lenski, un gran teólogo luterano, hizo el siguiente comentario respecto de la inefable emoción del gozo: "El gozo es una de las virtudes cardinales del cristiano; merece un lugar al lado del amor. El pesimismo es una grave falta. No nos referimos al fatuo gozo como lo entiende el mundo; es el gozo perdurable que brota de la gracia de Dios que es nuestra herencia, de la bendición que nos pertenece, no empañada por la tribulación. . ."

El gozo previsto por el Espíritu Santo no está limitado por las circunstancias. Muchos tienen la errónea idea de que pueden ser felices si las circunstancias se dan bien. Los que así piensan desconocen la diferencia que hay entre felicidad y gozo. Como lo dijo John Hunter, de Capernwray, Inglaterra: "La felicidad es algo que simplemente ocurre por el juego de las circunstancias, pero el gozo perdura a pesar de las circunstancias."

Ningún cristiano puede disfrutar de verdadero gozo si depende de las circunstancias de la vida. La vida plena del Espíritu Santo se caracteriza por un poner "los ojos en Jesús, el autor y consumador de la fe" (*He.* 12:2). que nos permite saber "que a los que aman a Dios, todas las cosas le ayudan a bien, esto es, a los que conforme a su propósito son llamados" (*Ro.* 8:28).

En la Escritura las palabras "gozo" y "regocijarse" son mencionadas frecuentemente como formas de comportamiento cristiano. No son la resultante del esfuerzo propio, sino la obra del Espíritu Santo en nuestras vidas, que nos permite pensar en el salmista cuando dijo: "Encomienda a Jehová tu camino, y confía en él" (*Sal.* 37:5). También el salmista, refiriéndose a la experiencia espiritual del hombre dijo: "Tú diste alegría a mi corazón mayor que la de ellos cuando abundaba su grano y su mosto" (*Sal.* 4:7).

El apóstol Pablo, escribiendo desde el calabozo de la cárcel dijo: "Regocijaos en el Señor siempre. Otra vez digo: ¡ Regocijaos! " (*Fil.* 4:4). Pablo lo podía decir porque aprendió la experiencia de vivir en la plenitud del Espíritu Santo. Desde esa misma prisión, el apóstol dijo: "He aprendido a contentarme, cualquiera que sea la situación" (*Fil.* 4:11). El hombre que puede alegrarse y estar contento mientras sufre las cadenas de una prisión, tiene que contar, obligadamente, ¡con una fuente sobrenatural de poder! El carcelero de Filipos vio el genuino pero sobrenatural gozo reflejado en las vidas de Pablo y Silas cuando fueron arrojados a la cárcel por predicar el Evangelio. Los oyó cantar y alabar al Señor lo cual sin duda, le produjo una profunda impresión.

Se nota la ausencia de este "fruto" del Espíritu en muchos cristianos hoy en día, lo cual les impide ser fructíferos en ganar almas para Cristo, porque el mundo tiene que ver alguna evidencia de lo que Jesucristo puede hacer en la vida del creyente para ser atraído por El. Este gozo sobrenatural está a disposición de cualquier cristiano, sin tener en cuenta su temperamento básico o natural. Dijo Jesús: "Estas cosas os he hablado, para que mi gozo esté en vosotros, y vuestro gozo sea cumplido" (*Jn.* 15:11). También declaró en *Juan* 10:10b: "He venido para que tengan vida, y para que la tengan en abundancia". Esa vida abundante se manifestará en el cristiano por medio del gozo, pero sólo es posible si está lleno con el Espíritu Santo.

Martín Lutero dijo: "A Dios no le gustan la duda ni el desaliento. Odia las doctrinas deprimentes y los pensamientos tristes y melancólicos. Dios quiere corazones alegres. No envió a su Hijo para llenarnos de tristeza sino para alegrar nuestros corazones. Cristo dijo: *Regocijaos de que vuestros nombres estén en los cielos*".

La *paz* es el tercer rasgo temperamental del hombre lleno del Espíritu Santo. Puesto que la Biblia debe ser interpretada, en todos los casos, a la luz de su contexto, corresponde que examinemos dicho contexto. Los versículos inmediatamente previos a los que mencionan los frutos del Espíritu, en *Gálatas* 5, describen no solamente las obras del hombre sin el Espíritu, sino también sus emociones. Su turbulencia emocional se manifiesta por ". . .enemistades, pleitos, celos, iras, disensiones y envidias". Se advierte fácilmente que mientras más se aleja el hombre de Dios menos conoce la paz.

La paz que aquí se menciona admite dos acepciones. Alguien la describió como "la paz con Dios" y "la paz de Dios". El Señor Jesús dijo: "La paz os dejo, mi paz os doy". . . (*Juan*

14:27). La paz que El nos deja se compara con "la paz con Dios". "Mi paz os doy" se compara con "la paz de Dios", pues en el mismo versículo la define como la paz de un corazón no turbado: "No se turbe vuestro corazón ni tenga miedo". El versículo anterior, *Juan* 14:26, describe la venida del Espíritu Santo a los creyentes como "el Consolador, el Espíritu Santo". Comprobamos así que nuestro Señor predijo que el Espíritu Santo sería la fuente de "la paz de Dios".

La paz *con* Dios, que es "la paz —que— os dejo", es el resultado de la experiencia de nuestra salvación por fe. El hombre que vive a espaldas Jesucristo nada sabe de la paz en relación con Dios, porque es consciente de su pecado y le consta que será reputado culpable ante Dios el día del juicio. Este permanente temor le roba al hombre la paz con Dios durante toda su vida. Sin embargo, cuando esta persona le toma la palabra a Jesucristo, y lo invita a entrar en su vida como Señor y Salvador, Jesucristo no solamente lo hace así, tal cual lo prometió (*Ap.* 3:20), sino que también, e inmediatamente, lo limpia de todos sus pecados (1 *Juan* 1:7,9). Cuando la comprensión de que Dios ha perdonado sus pecados hace presa en su corazón, el hombre logra la paz con Dios. *Romanos* 5:1 dice así: "Justificados, pues, por la fe, tenemos paz para con Dios por medio de nuestro Señor Jesucristo".

La paz *de* Dios, que es el antídoto de la preocupación, no la adquieren los cristianos tan automáticamente como la paz *con* Dios. La "paz de Dios" que no se turba ante difíciles circunstancias, está ilustrada por el Señor Jesús cuando dormía profundamente en el piso de la

barca, mientras sus doce discípulos padecían
un terror rayano en la locura. Esa proporción
de doce a uno se ajusta adecuadamente a los
cristianos de hoy. Cuando el mar de la vida se
encrespa por el fuerte vendaval de las circunstancias, doce cristianos se inquietarán, se eno-
jarán y se preocuparán, mientras uno solo con-
tará con la suficiente paz en su corazón para
confiar que Dios cuidará de él en esas circunstancias. Doce pasarán la noche preocupados,
lo cual complicará aún más su vida emocional,
física y espiritual, mientras que el uno que
"le cree a Dios", dormirá plácidamente, se des-
pertará renovado y a disposición de Dios para
el día siguiente. Nuestra paz no debe depender
de las circunstancias. Para tener paz debemos
mirar a Dios; es el único que es consecuente;
el único que no cambia.

El solo hecho de ser cristianos no nos preserva
de las circunstancias difíciles de la vida. No obstante ello, la presencia en nuestras vidas del
Espíritu Santo, nos suple uno de los mayores
tesoros: la "paz de Dios", sean cuales fueren las
circunstancias. Esto es lo que tenía *in mente*
el apóstol Pablo cuando escribió las siguientes
palabras: "Por nada estéis afanosos —preocupados o ansiosos—, sino sean conocidas vuestras
peticiones delante de Dios en toda oración y
ruego, con acción de gracias. Y la paz de Dios,
que sobrepasa todo entendimiento, guardará
vuestros corazones y vuestros pensamientos en
Cristo Jesús" (*Fil.* 4:6-7). Las personas que
frente a las circunstancias de la vida se mantie-
nen tranquilas, despreocupadas y apacibles, po-
seen una paz "que sobrepasa todo entendimien-

to". Esa es la "paz de Dios" que el Espíritu anhela darle a todo creyente.

Estas tres primeras características —amor, gozo y paz— son emociones que contrarrestan netamente las debilidades temperamentales más comunes tales como la crueldad, la ira, la indiferencia, el pesimismo, la tristeza y la crítica. Por sí solas serían razón más que suficiente para vivir una vida llena del Espíritu Santo, pero esto es sólo el comienzo.

El cuarto rasgo del temperamento lleno del Espíritu es la paciencia. Tolerancia y aguante son los dos principales sinónimos sugeridos por los comentaristas bíblicos para describir esta característica espiritual. Se la define como la virtud de soportar injurias y sufrir censuras o aflicciones sin pagar con la misma moneda, tal como lo hacía el Señor: ". . .quien, cuando le maldecían, no respondía con maldición" (1 P. 2:23). Esta es, sin duda, la clase de confiabilidad en que pensaba el doctor Bob Jones cuando emitió su ya clásica afirmación: "La mayor habilidad es la confiabilidad". La persona paciente es la que puede ejecutar las tareas domésticas, las tareas olvidadas y las tareas difíciles de la vida sin quejarse y sin aspavientos, sino con afabilidad y como el Señor. Lleva a feliz término su tarea o soporta insultos, al par que manifiesta el amante Espíritu de Cristo.

La quinta característica del temperamento lleno del Espíritu es, según las versiones de la Biblia de Jerusalén y de Nacar-Colunga, la afabilidad; según la versión popular "Dios llega al hombre" es amabilidad. La mayoría de los traductores modernos del griego del Nuevo Testamento traducen *benignidad,* como figura en las versiones de Reina-Valera y Torres Amat, vocablo que es casi sinónimo de la siguiente característica del Espíritu. Al hacerlo así le restan importancia a esta casi olvidada forma de comportamiento. La amabilidad o gentileza es un acto deliberado, educado, cortés, considerado y comprensivo de bondad que brota de un corazón tierno. El mundo en que vivimos conoce muy poco de ese tipo de ternura. Es el resultado de la compasión que siente el Espíritu Santo por una perdida y agonizante humanidad.

La vida de apuro, bullicio y presión en que vivimos hace que aun algunos de los más espléndidos cristianos, se sientan molestos por las interrupciones o interferencias de quienes ellos denominan "gente mediocre". El cortés y comedido espíritu de Jesús nos sirve como ilustración cuando se hace el contraste entre él y la cruel actitud de los discípulos hacia los niños que fueron traídos por sus padres para que Jesús los bendijera. La Escritura nos cuenta que los discípulos reprendieron a quienes los trajeron, pero Jesús les dijo "Dejad a los niños venir a mí, y no se lo impidáis" (*Mr.* 10:13-14).

Esta gentil característica del Espíritu Santo jamás formula preguntas tales como "¿Cuántas veces debo perdonar a mi hermano que peca contra mí?", o, "¿Debo perdonar a mi hermano que, a su vez, no me pide perdón?", o, "¿Hasta qué límite se pueden soportar ciertas cosas?" El Espíritu Santo es capaz de brindar gentileza cualesquiera sean las circunstancias o las presiones que se soporten.

Jesús, que poseía el Espíritu Santo "sin medida" se asignaba a Sí mismo el papel de un pastor que con toda gentileza cuidaba de las ovejas que fácilmente se lastimaban y también cuida tiernamente de sus seguidores hoy en día.

La sexta característica del hombre lleno del Espíritu Santo es la bondad, que se define como "dar de sí y de sus bienes". Es la benevolencia en su forma más pura. Es la natural inclinación a hacer el bien, pero elevada a su máxima expresión. Incluye la hospitalidad y todo otro acto que nace de un corazón generoso que está más interesado en dar que en recibir. Pablo le dijo a Tito, el joven predicador, que debía predicar de tal manera "que los que creen en Dios, procuren ocuparse en buenas obras" (*Tit.* 3:8). El hombre es tan egoísta por naturaleza, que necesita que la Palabra de Dios y el Espíritu Santo, que mora en él, le recuerden que debe ocuparse de la bondad. Es obvio que la persona que practica la bondad está más interesada en los demás que en sí misma.

Los cuatro temperamentos naturales participan de la inclinación a ser egoístas y desconsiderados; de ahí que todos necesitan este rasgo de bondad. Particularmente lo necesitan los que sufren una tendencia a la melancolía, como tratamiento y cura de su depresión y tristeza, provocada por una excesiva complacencia en ajustarse a ciertos moldes de pensamiento egocéntrico. Hay algo de terapia en hacer cosas por los demás, pues esto saca al hombre del pantano de pensar en sí mismo. Ya lo dijo el Señor Jesús: "Más bienaventurado es dar que recibir" (*Hch.* 20:35).

Muchos cristianos, por hacer caso omiso de

ese principio, se han visto privados de la bendición que significa acceder a la inspiración del Espíritu Santo que los impulsaba a una buena acción. En lugar de alegrar la vida de alguno con un acto de bondad, el egocéntrico ahoga el impulso y se hunde cada vez más en el cenegal del abatimiento y la tristeza. Una cosa es recibir buenos impulsos y otra muy distinta hacerlos efectivos en actos de bondad. D.L. Moody declaró una vez que tenía por costumbre no actuar nunca sin antes solicitar la presencia del Espíritu Santo y pedirle que lo guiara, según los impulsos que le venían en mente, siempre y cuando no violaran alguna conocida verdad bíblica. Hablando en términos generales, es una excelente regla que vale la pena adoptar, pues rinde ricos dividendos de salud mental en la vida del dador.

El séptimo rasgo o cualidad del hombre lleno del Espíritu es la *fe*. Entraña un total abandono a Dios y una dependencia absoluta en El. Es un perfecto antídoto del temor que provoca la preocupación, la ansiedad y el pesimismo.

Algunos comentaristas sugieren que es mucho más que la fe lo que está en juego, a saber, la fidelidad o confiabilidad. Pero en realidad, el hombre cuya fe está inspirada en el Espíritu Santo, será fiel y confiable. El ya fallecido doctor William G. Coltman, que en vida fuera pastor del Highland Park Baptist Church, de Highland, Park en Michigan, solía decir: "Cuando el Espíritu toma el control, la vida progresa bajo la plena convicción de la capacidad y del poder de Dios".

De una manera vital la fe es la clave a muchas otras gracias cristianas. Si realmente creemos

que Dios es capaz de suplir todas nuestras necesidades, esa creencia hará que gocemos de paz y
alegría y eliminará las dudas, el temor, las dispu-
tas y muchas otras obras de la carne. Numerosos son los hijos de Dios que, al igual que los
israelitas, malgastan 40 años en el desierto de la
vida porque no creen en Dios. También hay
muchísimos cristianos que tienen una "visión de
langosta". Son como los diez espías faltos de fe
que vieron gigantes en la tierra de Canaán, y vol-
vieron exclamando "éramos nosotros, a nuestro
parecer, como langostas" (*Nm.* 13:32). ¿Cómo
podían saber lo que los gigantes pensaban de
ellos? ¡No tenemos la menor duda de que no se
acercaron lo suficiente para preguntar! No hi-
cieron otra cosa que lo que nosotros hacemos a
menudo: sacaron conclusiones no basadas en la
fe. Más adelante consideraremos la incredulidad
que es temor.

La Biblia enseña que hay dos fuentes de fe.
La primera fuente es la Palabra de Dios en la
vida del creyente. *Romanos* 10:17, afirma: "La
fe es por el oir, y el oir, por la palabra de Dios".
La segunda fuente es el Espíritu Santo. Nuestro
texto de *Gálatas* 5:22-23, incluye la fe como
uno de los frutos del Espíritu. Si descubrimos
que tenemos un temperamento proclive a las
dudas, la indecisión y el temor, como creyentes
podemos recurrir al llenado del Espíritu Santo
para obtener un corazón de fe que disipará las
emociones y las acciones de nuestra natural naturaleza, incluyendo el temor, la duda, la ansiedad, etc. Pero todo esto demandará tiempo;
los hábitos son resistentes cadenas, pero Dios
nos da la victoria en Jesucristo. "Aguarda a

Jehová; esfuérzate, y aliéntese tu corazón; Sí, espera a Jehová" (*Sal.* 27:14).

La mansedumbre es el octavo rasgo temperamental del hombre lleno del Espíritu Santo. El hombre natural es orgulloso, altanero, arrogante, egoísta y egocéntrico, pero cuando el Espíritu Santo llena la vida de una persona se produce una transformación y se vuelve humilde, indulgente, sumiso y accesible.

El mayor ejemplo de mansedumbre en toda la historia, es el Señor Jesucristo. Fue el Creador del universo, y, no obstante ello, se humilló a Sí mismo, tomó forma de siervo y se sometió a los caprichos de la humanidad, hasta el punto de dar su vida, para poder comprar nuestra redención al precio de su sangre. Sin embargo nos dejó un ejemplo de no responder a los denuestos con la injuria.

Esto es particularmente cierto cuando recordamos que tuvo a su disposición el máximo de poder y autoridad, aun en las horas de su sufrimiento, tal como se lo dijo a Pedro cuando le ordenó guardar su espada: "¿Acaso piensas que no puede ahora orar a mi Padre, y que él no me daría más de doce legiones de ángeles?   ¿Pero cómo entonces se cumplirían las Escrituras, de que es necesario que así se haga? " (*Mt.* 26:53-54).   Fue manso por amor a nosotros para que pudiéramos tener vida eterna.   El dijo de Sí mismo: "Soy manso y humilde de corazón".

¡ Semejante mansedumbre no es natural!   Sólo el Espíritu de Dios, que mora en nosotros en forma sobrenatural, puede hacernos reaccionar mansamente ante la agresión física o la persecución emocional.   Tenemos la tendencia natural de hacer valer nuestro yo, pero hasta el más levantisco de los temperamentos puede ser controlado cuando rebosa del Espíritu Santo, y manifestar esta admirable cualidad de mansedumbre.

El noveno y último rasgo característico temperamental del creyente lleno del Espíritu, es la templanza. Ese es el vocablo utilizado por las versiones Reina-Valera, Biblia de Jerusalén y Nacar-Colunga, pero se ajusta más a la realidad la versión "Dios llega al hombre" que traduce *dominio propio,* que lleva implícita la idea de autodisciplina.

El hombre se inclina, por naturaleza, a seguir el camino de la menor resistencia. Probablemente sea el señor Sanguíneo el que en este aspecto sufra más tentaciones que los otros tipos temperamentales, pero ¿quién de nosotros puede decir que nunca ha cedido a esta muy generalizada tentación? El dominio de sí mismo es la solución de los cristianos para el problema creado por los arranques de furia, temor, enojo, celos, etc. y le atempera los excesos emocionales de todo tipo. El temperamento controlado por el Espíritu será un temperamento consecuente, confiable y bien ordenado.

Creemos que los cuatro tipos temperamentales básicos comparten una dificultad que les es común a todos y que puede ser superada por esa cualidad de dominio de sí mismo, propio del creyente lleno del Espíritu. Dicha dificultad o debilidad es la inconsistente o inefectiva vida devocional. Ningún cristiano puede alcanzar madurez en Cristo, ser henchido con el Espíritu Santo y útil en las manos de Dios, a menos que se alimente regularmente con la Palabra de Dios. Sin asomo de duda todo evangelista cristiano confirmaría este aserto, a pesar de ser poquísimos los cristianos que dedican en forma regular algunos momentos, todos los días, a esta práctica.

Del señor Sanguíneo, inquieto y falto de voluntad por naturaleza no se puede esperar consecuencia en nada, menos aún en levantarse todas las mañanas unos minutos más temprano para dedicar un rato a la oración y a la lectura de la Biblia.

El señor Colérico tiene la fuerza de voluntad suficiente para ser consecuente en todo aquello que se proponga hacer, pero su problema radica en que no ve la necesidad de la práctica de las devociones. Por naturaleza es un individuo tan seguro de sí mismo, que aún después de su conversión le toma tiempo comprender, en forma personal, lo que Jesús quiso decir cuando afirmó que "sin mí nada podéis hacer". Y aun cuando finalmente percibe la necesidad e inicia su práctica devocional en forma regular, debe luchar porque su mente activa y práctica revolotea en todas direcciones o planifica su actividad diaria cuando se supone que está leyendo la Palabra, orando o escuchando el sermón dominical.

De los cuatro, el señor Melancólico es, tal vez, el más regular en su vida devota. Pero su capacidad analítica lo distrae con frecuencia, en la averiguación de una rebuscada y abstracta verdad teológica, en lugar de permitirle a Dios que le hable respecto a sus necesidades personales, desde el espejo de su verdad. Su vida regular de oración puede llegar a ser no otra cosa que un continuo quejarse y lamentarse ante Dios por la suerte de sus asuntos, al alimentar sus rencores y pasar revista a sus dificultades. De esa manera su vida devocional puede tener un efecto negativo, al arrastrarlo a períodos de mayor desesperación que antes. No obstante ello, cuando está bajo el control del Espíritu Santo, su vida de oración se caracteriza por "dar gracias" (1 *Ts.* 5:18) y por acatamiento al consejo de "Regocijaos en el Señor siempre. Otra vez digo: ¡ Regocijaos! " (*Fil.* 4:4).

El señor Flemático es capaz de recomendar la conveniencia de disponer, en forma regular, de algunos momentos de quietud como parte necesaria de la vida cristiana, pero si no disciplina, por medio del Espíritu Santo, su natural inclinación a la lentitud, indolencia y a menudo indiferencia, jamás se decidirá a alimentarse regularmente con la Palabra de Dios.

Al ver estos nueve admirables rasgos que caracterizan al hombre lleno del Espíritu, no solamente contemplamos un cuadro panorámico de lo que Dios quiere que seamos, sino también de lo que El quiere hacer de nosotros a pesar de nuestros naturales temperamentos. Pero debemos tener bien presentes que serán inútiles todos nuestros esfuerzos por mejorarnos a nosotros mismos y lograr cualquiera de esos rasgos en nuestras vidas, sin contar con el poder del Espíritu Santo. De aquí sacamos la conclusión que el hecho aislado más importante en la vida de cualquier cristiano, es el de ser llenado con el Espíritu Santo. Nos enfrentamos, pues, al supremo interrogante: ¿Cómo podemos ser llenos con el Espíritu Santo? La respuesta a esa pregunta será el tema del próximo capítulo.

7

COMO SER LLENOS DEL ESPIRITU SANTO

Lo más importante en la vida de cualquier cristiano es contar con la plenitud del Espíritu Santo. El Señor Jesús dijo: "Sin mí nada podéis hacer". Cristo mora en los creyentes en la persona de su Espíritu Santo. De ahí que, si estamos llenos de su Espíritu, obra fecundamente a través nuestro. Si no estamos llenos del Espíritu Santo, somos improductivos.

Todo lo que digamos para expresar hasta qué grado dependemos del Espíritu Santo será poco. Dependemos de él para redargüirnos de nuestros pecados antes y después de nuestra salvación, para hacernos entender el Evangelio y nacer de nuevo, para darnos el poder de testificar, para guiarnos en nuestra vida de oración, es decir, para todo. No es de extrañar que los espíritus malignos hayan tratado de imitar fraudulentamente la obra del Espíritu Santo y provocar confusión en su tarea.

Ningún tema de la Biblia ha provocado tanta confusión en el día de hoy, como el tema que se refiere a ser llenos con el Espíritu Santo. Muchos espléndidos cristianos creen que ser llenos con el Espíritu Santo y hablar en lenguas o experimentar algún otro tipo de éxtasis emocional son una misma cosa. Y hay otros cristianos que, debido a los excesos que han observado o de los cuales tienen noticias en este aspecto, prácticamente han descartado las enseñanzas en cuanto a ser llenos con el Espíritu. Simplemente no reconocen la importancia del Espíritu en sus vidas. Satanás coloca dos obstáculos en el camino del hombre: (1) procura evitar que reciba a Cristo como Salvador y (2) si fracasa en ésto, trata de que no entienda la importancia del Espíritu Santo y de su obra. Si a pesar de sus esfuerzos en contrario, la persona se convierte, Satanás tiene dos maneras de abordarla: hace todo lo posible para que los hombres asocien la idea de estar llenos del Espíritu con excesos emocionales o, de lo contrario, se va al otro extremo del movimiento pendular tratando de que ignoren totalmente la existencia del Espíritu Santo.

Una de las falsas emociones en boga —nacida de la enseñanza de alguna gente y no de la Palabra de Dios— es que se produce una "sensación" especial cuando se recibe la plenitud del Espíritu Santo. Antes de explicar cómo se adquiere esa plenitud, conviene repasar lo que la enseñanza bíblica permite esperar que ocurra, cuando somos llenos del Espíritu Santo.

Qué podemos esperar cuando somos llenos del Espíritu Santo.

1. Los nueve componentes temperamentales característicos de la vida llena del Espíritu, tal cual los establece *Gálatas* 5:22-23 son amor, gozo, paz, paciencia, benignidad, bondad, fe, mansedumbre,

templanza (dominio de sí mismo).

Ya hemos examinado estos rasgos en detalle en el capítulo 6, pero su presencia en la vida del creyente comporta ulteriores manifestaciones.

¡Toda persona que ha recibido la plenitud del Espíritu Santo manifestará esas características! Y lo manifestará no como resultado de un esfuerzo o por desempeñar un papel o hacer su parte, sino simplemente porque el Espíritu controla su naturaleza.

Muchos de los que aseguran que han sido "llenos" o, como algunos lo llaman, "ungidos", nada saben de amor, gozo, paz, paciencia, gentileza, bondad, fe, mansedumbre o dominio propio. Sin embargo, ¡esas virtudes constituyen el sello de garantía de las personas llenas del Espíritu Santo!

2. Un corazón gozoso y agradecido y un espíritu sumiso (*Ef.* 5:18-21).

Cuando el Espíritu Santo llena la vida de un creyente, la Biblia nos dice que le dará un corazón canoro y agradecido y un espíritu sumiso.

No os embriaguéis con vino, en lo cual hay disolución; antes bien sed llenos del Espíritu, hablando entre vosotros con salmos, con himnos y cánticos espirituales, cantando y alabando al Señor en vuestros corazones; dando gracias siempre por todo al Dios y Padre, en el nombre de nuestro Señor Jesucristo.

Someteos unos a otros en el temor de Dios.

Un corazón canoro y agradecido y un corazón sumiso, independiente de las circunstancias, no son cualidades de la naturaleza humana, por lo cual solamente podemos apropiárnoslas si contamos con la plenitud del Espíritu Santo. El espíritu de Dios es capaz de cambiar el corazón entristecido o aherrojado, transformándolo en un corazón que canta y alaba a Dios. También tiene la facultad de transformar el espíritu rebelde del hombre, aumentando su fe a tal grado, que lo convenza de que la vida radiante es la vida subordinada a la voluntad de Dios.

Los tres resultados de una vida llena del Espíritu son los mismos tres resultados de una vida llena de la Palabra, tal cual lo encontramos en *Colosenses* 3:16-18.

La palabra de Cristo more en abundancia en vosotros, enseñándoos y exhortándoos unos a otros en toda sabiduría,

cantando con gracia en vuestros corazones al Señor con salmos e himnos y cánticos espirituales.

Y todo lo que hacéis, sea de palabra o de hecho, hacedlo todo en el nombre del Señor Jesús, dando gracias a Dios Padre por medio de él.

Casadas, estad sujetas a vuestros maridos, como conviene al Señor.

No es una mera coincidencia que los resultados de una vida llena del Espíritu (*Ef.* 5:18-21) sean los mismos que los de una vida llena de la Palabra. El Señor Jesús dijo que el Espíritu Santo es "el espíritu de verdad" y lo mismo dijo de la palabra de Dios cuando manifestó que "tu palabra es verdad". El Espíritu Santo es el autor de la palabra de Dios, y por ello es fácil comprender que se operan los mismos resultados en una vida llena de la Palabra que en una vida llena del Espíritu. Ponemos así al descubierto el error de aquellos que sostienen que el Espíritu Santo se recibe de forma espectacular y de una vez para siempre, y no como resultado de una íntima relación con Dios que Jesús describe como "permaneced en mí". Esta relación la experimenta el cristiano cuando Dios intima con él y llena su vida por medio de la "palabra de verdad" y cuando el cristiano intima con Dios en oración, guiado por el "Espíritu de verdad". La conclusión a que arribamos es que el cristiano que está lleno del Espíritu será henchido de la Palabra y el cristiano lleno de la Palabra, que obedece al Espíritu, será henchido del Espíritu.

3. El Espíritu Santo nos da poder para ser testigos (*Hch.* 1:8).

Pero recibiréis poder cuando haya venido sobre vosotros el Espíritu Santo, y me seréis testigos en Jerusalén, en toda Judea, en Samaria y hasta lo último de la tierra.

El Señor Jesús les dijo a sus discípulos que "os conviene que yo me vaya; porque si no me fuere, el Consolador (Espíritu Santo) no vendría a vosotros" (*Juan* 16:7). Eso explica la razón por la cual una de las últimas cosas que hizo Jesús antes de ascender al cielo fue decirles a sus discípulos: "Pero recibiréis poder, cuando haya venido sobre vosotros el Espíritu Santo, y me seréis testigos. . ."

A pesar de que sus discípulos habían acompañado a Jesús durante tres años, habían escuchado todos sus mensajes y eran los testigos mejor entrenados que tenía, les dio instrucciones que "no se fueran de Jerusalén, sino que esperasen la promesa del Padre" (*Hch.* 1:4). Es obvio que todo su adiestramiento resultaba insuficiente para rendir frutos por sí mismos, sin el poder del Espíritu Santo. Es bien conocido el hecho de que cuando el Espíritu Santo se derramó sobre ellos el día de Pentecostés, testificaron, en su poder, y fueron salvadas tres mil personas.

También nosotros podemos tener el poder para testificar, una vez llenos del Espíritu Santo. Plugiera a Dios que hubiera tanto afán de parte de su pueblo en obtener el poder para testificar, como lo tiene en disfrutar de una experiencia de éxtasis o de rapto emocional con el Espíritu Santo.

No siempre se logra percibir el poder para testificar en el Espíritu Santo, pero lo debemos aceptar por fe. Cuando hemos llenado los requisitos para obtener la plenitud del Espíritu Santo, debemos tener la absoluta seguridad de que cuando testificamos lo hacemos por el poder del Espíritu sea que veamos o no los resultados. En razon de que el Espíritu Santo manifestó su presencia el día de Pentecostés de una manera tan dramática —y a que ocasionalmente percibimos la evidencia del Espíritu en nuestras vidas— llegamos a imaginar que en todos los casos se hace de esa manera, pero no es así. Es perfectamente posible testificar con el poder del Espíritu Santo y no ver que la persona a quien testificamos llegue al conocimiento salvador de Cristo. Dios ha escogido —en su soberana voluntad— no abrogar el derecho al libre albedrío del hombre. De ahí que a un hombre se le puede testificar con el poder del Espíritu Santo y aun así él puede rechazar al Salvador. En esos casos el testigo pudiera albergar la errónea idea de un rotundo fracaso, por el mero hecho de no haber tenido éxito. El éxito al testificar y el poder para hacerlo son dos cosas totalmente distintas.

Tiempo atrás tuve el privilegio de testificar a un hombre de 80 años. Debido a su avanzada edad y a un cierto problema que lo afectaba, puse todo mi empeño para contar con la plenitud del Espíritu Santo antes de ir a su casa. Me escuchó con la mayor atención cuando le espliqué el Evangelio, utilizando las "cuatro leyes espirituales". Luego le pregunté si quería recibir a Cristo en ese mismo acto, a lo cual rápidamente me contestó: "No, no estoy listo todavía". Me retiré asombrado de que un hombre de 80 años de edad me dijera que todavía no estaba listo y llegué a la conclusión de que no había testificado con el poder del Espíritu Santo.

Pasado un breve tiempo fui a visitarlo de nuevo y ya había cumplido 81 años de edad. Nuevamente comencé a exponerle el Evangelio, pero me informó que había recibido a Cristo. Había estudiado las cuatro leyes espirituales que le dejé escritas en ocasión de la primera visita y, en la soledad de su pieza, se arrodilló e invitó a Jesucristo a que entrara en su vida como Salvador y Señor. Meditando sobre esto me pregunté cuántas otras veces en mi vida, al no ver una inmediata respuesta, había arribado a la errónea conclusión de que el Espíritu no me había llenado con su poder para testificar.

Cuando la vida de un cristiano está llena del Espíritu Santo es seguro que rendirá abundantes frutos, porque si examinamos lo que Jesús quiso decir cuando dijo "permaneced en mí" (*Juan*

15) y lo que la Biblia enseña sobre estar "llenos del Espíritu" comprobaremos que es una misma experiencia. Jesús dijo: "El que permanece en mí, y yo en él, éste lleva mucho fruto. . ." De ahí sacamos la conclusión de que la vida perdurable o la vida llena del Espíritu rendirá fruto. Pero es un error tratar de saber, de antemano, cada vez que testificamos, si estamos o no facultados por el Espíritu para hacerlo. En lugar de ello, lo que tenemos que hacer es cumplir con las condiciones exigidas para ser henchidos por el Espíritu y luego creer —no por los resultados obtenidos o por la demostración visual o sentimental, sino por fe— que tenemos la plenitud del Espíritu.

4.   El Espíritu Santo glorifica a Jesucristo (*Juan* 16:13-14).

Pero cuando venga el Espíritu de verdad, él os guiará a toda la verdad; porque no hablará por su propia cuenta, sino que hablará todo lo que oyere, y os hará saber las cosas que habrán de venir.

El me glorificará; porque tomará de lo mío, y os lo hará saber.

Un principio fundamental referido a la obra del Espíritu Santo es el de que no se glorifica a sí mismo sino que glorifica al Señor Jesucristo. En toda oportunidad en que alguien —que no sea el Señor Jesús— reciba mérito o gloria alguna, podemos tener la más absoluta certeza de que ello no es el resultado de la obra ni de la dirección del Espíritu Santo, porque su misión específica es glorificar a Jesús. Este es el *test* que hay que aplicar a cualquier tarea que pretenda ser obra del Espíritu Santo.

El fallecido F. B. Meyer relató la historia de una misionera que asistió a una conferencia bíblica en la cual él habló sobre el tema de cómo recibir la plenitud del Espíritu Santo. Al finalizar la conferencia habló con él y le confesó que nunca, conscientemente, se sintió llena del Espíritu Santo, y que ese mismo día haría un retiro espiritual en la capilla, escudriñando su alma, para ver si podía obtener la ansiada plenitud.

Tarde esa noche volvió, en momentos en que Meyer se retiraba del auditorio. El le preguntó:

—¿Qué tal le fue, hermana?

—No estoy segura—, le respondió ella.

A continuación le preguntó qué había hecho todo ese día, a lo cual la misionera le respondió que había leído la Biblia, había orado confesando sus pecados y pidiendo que fuera llena del Espíritu Santo. Y agregó:

—No me siento llena del Espíritu Santo.

Meyer luego le preguntó:

—Dígame, hermana, ¿cómo andan las cosas entre usted y el Señor Jesús?

Su rostro se iluminó con una sonrisa y le dijo:

—Ah, doctor Meyer, jamás en mi vida he gozado tanto de la comunión con el Señor Jesús como en esta oportunidad.

A lo que él le respondió:

—¡ Hermana, ése es el Espíritu Santo!

En todos los casos el Espíritu Santo hará que el creyente sea más consciente del Señor Jesús que de sí mismo.

Hagamos un resumen de lo que es dable esperar cuando somos llenos con el Espíritu Santo. Es muy simple, pues no se trata de otra cosa que de las nueve características temperamentales del Espíritu, un corazón agradecido, que canta, una actitud sumisa y el poder para testificar. Estas características glorificarán al Señor Jesucristo. ¿Y qué podemos decir sobre "sentir" algo o experimentar un "estado de éxtasis"? Nada nos dice la Biblia en cuanto a experimentar esas cosas cuando somos llenos del Espíritu Santo; por lo tanto, debemos esperar lo que la Biblia nos promete.

Cómo ser henchidos con el Espíritu Santo

El ser henchidos del Espíritu Santo no es una disposición opcional en la vida del cristiano, sino un mandamiento de Dios. *Efesios* 5:18 nos dice: "No os embriaguéis con vino, en lo cual hay disolución; antes bien sed llenos del Espíritu". Es una afirmación en modo imperativo y por ello debemos tomarlo como un mandamiento.

Dios jamás pretende lo imposible con sus mandamientos. Por lo tanto, si nos ordena —como lo hace— que seamos llenos del Espíritu Santo, luego tiene que ser factible. Vamos a indicar cinco pasos sencillísimos que se deben dar para ser llenos del Espíritu Santo.

1. Examen de conciencia (*Hch.* 20:28 y 1 *Co.* 11:28).

Todo cristiano interesado en ser henchido con el Espíritu Santo debe observar regularmente el hábito de "examinarse a sí mismo". Y al examinarse no debe hacerlo para comprobar si está a la altura de otra gente o de las tradiciones y requerimientos de su iglesia, sino a la altura de los resultados que se obtienen de estar

lleno del Espíritu Santo, según lo mencionamos
anteriormente. Si de ese examen resulta que
no está glorificando a Jesús, que carece del
poder para testificar, que le falta un espíritu
gozoso y sumiso o los nueve rasgos temperamentales del Espíritu Santo, entonces su examen
de conciencia le revelará las áreas donde existe
un déficit, y sabrá cuál es el pecado responsable
de ello.

2.   Confesión de todo pecado conocido (1
Juan 1:9).

' *Si confesamos nuestros pecados, él es fiel
y justo para perdonar nuestros pecados y
limpiarnos de toda maldad.*

La Biblia no hace una evaluación discrimina-
toria de pecados, sino que los juzga a todos por
igual. Después de examinarnos a la luz de la Palabra de Dios, tenemos que confesar todos los
pecados que el Espíritu Santo trae a nuestra mente, incluyendo las características que nos faltan
de la vida llena del Espíritu. Mientras no lla-
memos a las cosas por su nombre y designemos
como pecado nuestra falta de compasión, nuestra falta de templanza, nuestra falta de humildad, nuestro enojo en lugar de benignidad, nuestra amargura en lugar de mansedumbre y nuestra
incredulidad en lugar de fe, nunca podremos
aspirar a ser henchidos por el Espíritu Santo.
En cambio, en el momento en que reconocemos
que estas deficiencias constituyen un pecado y
así lo confesamos a Dios, El nos limpia de toda
maldad. Mientras no actuemos así no tendremos
la plenitud del Espíritu Santo, porque El solamente utiliza instrumentos para honra (2 *Ti.*
2:21).

3.   Total sometimiento a Dios (*Ro.* 6:11-13)

Así también vosotros consideraos muertos al pecado, pero vivos para Dios en Cristo Jesús, Señor nuestro.

No reine, pues, el pecado en vuestro cuerpo mortal, de modo que lo obedezcáis en sus concupiscencias; ni tampoco presentéis vuestros miembros al pecado como instrumentos de iniquidad, sino presentaos vosotros mismos a Dios como vivos de entre los muertos, y vuestros miembros a Dios como instrumentos de justicia.

Para ser llenos con el Espíritu Santo debemos ponernos integramente a disposición de Dios para hacer todo aquello que el Espíritu Santo nos ordene. Si nos negamos a ser lo que Dios quiere que seamos o a ejecutar lo que Dios quiere que hagamos, estamos resistiendo a Dios que es una manera de poner límites al Espíritu de Dios! ¡No cometamos el error de tener miedo de entregarnos a Dios! *Romanos* 8:32 nos dice que "El que no escatimó ni a su propio Hijo, sino que lo entregó por todos nosotros, ¿cómo no nos dará también con él todas las cosas?" Este versículo no deja lugar a dudas de que si Dios nos amó de tal manera que dio a su Hijo para morir por nosotros, lo único que le interesa es nuestro bien y, por lo tanto, podemos confiarle nuestras vidas. Nunca hemos de hallar a un cristiano desdichado que viva de acuerdo a la voluntad de Dios, porque siempre acatará sus directivas con ansias de hacer su voluntad.

Por supuesto que la resistencia rebelde al Señor impide la plenitud del Espíritu. Israel limitó al Señor, no solamente por incredulidad, sino, como lo dice el *Salmo* 78:8 por ser una "generación contumaz y rebelde; generación que no dispuso su corazón, ni le fue fiel para con Dios su espíritu". Toda resistencia a la voluntad de Dios impedirá la plenitud del Espíritu Santo. Para ser henchidos con este Espíritu, debemos someternos a su Espíritu, de la misma manera que un hombre, para embriagarse, tiene que someterse al vino.

Efesios 5:18 dice: "No os embriaguéis con vino. . . antes bien sed llenos del Espíritu". El borracho consuetudinario vive y actúa dominado por los efectos del alcohol. Cuando el cristiano está lleno del Espíritu Santo, queda bajo su dominio, y actúa de acuerdo a sus dictados. Este es el paso más difícil que debe dar el cristiano consagrado, puesto que siempre podremos encontrar un propósito digno para nuestras vidas, no dándonos cuenta, cuando queremos servir al Señor, que muchas veces estamos pletóricos de nosotros mismos, en lugar de estarlo del Espíritu santo.

Colaborando en un campamento de estudiantes secundarios y universitarios, tuvimos ocasión de escuchar un emocionante testimonio de un estudiante ministerial quien nos dijo que acababa de comprender lo que significaba estar lleno del Espíritu Santo. Sostuvo que nunca fue culpable de los pecados carnales más comunes en que caen los cristianos. Reconocía una sola área de resistencia en su vida. Le encantaba predicar, y lo entusiasmaba la posibilidad de llegar a ser un pastor o un evangelista, pero no quería que el Señor lo enviara al campo misionero. Durante esa semana el Espíritu Santo le habló al muchacho justamente sobre esa vocación, y cuando se sometió totalmente al Señor y le dijo "Sí, iré hasta los confines de la tierra", experimentó por vez primera la plenitud del Espíritu Santo. Y a continuación nos dijo: "Al fin y al cabo, no creo que el Señor quiera que sea un misionero; solamente quería probarme si estaba dispuesto a serlo".

Cuando entregamos nuestra vida a Dios no debemos hacerlo imponiendo condiciones de ninguna naturaleza. Dios es amor, y por lo tanto, podemos entregarnos con toda tranquilidad y sin reservas, sabiendo de antemano que sus planes para nuestras vidas son mejores que los nuestros. Además debemos recordar que una actitud de entrega total es absolutamente imprescindible para ser henchidos del Espíritu de Dios. Nuestra voluntad responde a la voluntad de la carne, y la Biblia dice que "la carne para nada aprovecha".

A veces es difícil determinar el sometimiento cuando ya hemos resuelto los cinco grandes interrogantes de la vida: (1) ¿A qué universidad iré? (2) ¿Cuál es mi vocación? (3) ¿Con quién me casaré? (4) ¿Dónde viviré? (5) ¿A qué iglesia me afiliaré? El cristiano que está lleno del Espíritu Santo será sensible a la dirección del Espíritu tanto en las pequeñas como en las grandes decisiones que ha de tomar. Pero hemos observado que numerosos cristianos que han tomado sabias decisiones en los cinco grandes interrogantes todavía no están llenos del Espíritu.

Alguien ha sugerido que el estar sometido al

Espíritu es estar a disposición del Espíritu. Un buen ejemplo de esta sugerencia es el incidente de Pedro y de Juan relatado en *Hechos* 3. Se dirigían al templo a orar cuando vieron a un cojo pidiendo limosna. Justamente porque eran sensibles al Espíritu Santo, lo curaron "en nombre del Jesucristo de Nazaret". El hombre, andando a saltos comenzó a alabar a Dios, lo cual atrajo a una multitud. Pedro, todavía sensible al Espíritu Santo, comenzó a predicar. ". . .muchos de los que habían oído la palabra, creyeron; y el número de los varones era como cinco mil" (*Hch.* 4:4).

Muchas veces estamos tan enfrascados en una buena actividad cristiana, que no estamos "disponibles" cuando nos guía el Espíritu. En mi propia experiencia he constatado que cuando alguien me ha pedido que haga una buena acción y me he negado a hacerlo, es la carne la que ha obrado, y no el Espíritu. Más de un cristiano ha respondido con un rotundo "no" cuando el Espíritu Santo le ha ofrecido la oportunidad de enseñar en la escuela dominical. Podrá argüir que fue el superintendente de la escuela dominical el que hizo el ofrecimiento, pero él, antes de hacerlo, buscó la dirección del Espíritu Santo. Muchos cristianos dicen: "¡Heme aquí, Señor, utilízame! " pero cuando se les pide hacer visitación o testificar, están demasiado ocupados pintando, o jugando al Bowling o en otra cualquier actividad que interfiere. ¿Cuál es el problema? Simplemente que no están disponibles. Cuando un cristiano se somete a Dios "como vivo de entre los muertos" da tiempo para hacer lo que el Espíritu le indica que haga.

4.   Pedir ser henchidos del Espíritu Santo
(*Lc.* 11:13).

Pero si vosotros, siendo malos, sabéis dar
buenas dádivas a vuestros hijos, ¿cuánto más
vuestro Padre celestial dará el Espíritu Santo
a los que se lo piden?

Cuando un cristiano ha hecho un minucioso
examen de conciencia, ha confesado todos sus
pecados conocidos y se ha sometido sin reservas
a Dios, está listo para hacer la única cosa que
debe hacer para recibir el Espíritu de Dios. Simplemente, pedir ser lleno con el Espíritu Santo.
Toda insinuación a los creyentes de hoy de que
deben esperar o demorar o esforzarse o sufrir,
es insinuación humana.   La única excepción
fueron los discípulos, que tuvieron que esperar
a que llegara el día de Pentecostés. Desde ese
día en adelante, lo único que tienen que hacer
los hijos de Dios es pedir ser llenos del Espíritu,
y serán henchidos.

El Señor Jesús compara esto con el trato que
damos a nuestros hijos terrenales. Por supuesto
que un buen padre no obligará a sus hijos a
pedirle algo que él ya les ordenó tomar. Cuánto
menos nos obligará Dios a rogar ser llenos del
Espíritu Santo cuando él ya lo ha ordenado. ¡ Es
así de simple!   Pero no olvidemos el quinto
paso!

5.   ¡ Creamos estar llenos del Espíritu Santo!
Y seamos agradecidos por ello.

Pero el que duda sobre lo que come, es
condenado, porque no lo hace con fe; y todo
lo que no proviene de fe, es pecado (*Ro.*
14:23).

Dad gracias en todo, porque esta es la vo-

luntad de Dios para con vosotros en Cristo Jesús (1 *Ts.* 5:18).

Para muchos cristianos este es el punto donde ganan o pierden la batalla. Después de examinarse, confesar sus pecados conocidos, someterse a Dios y pedir ser llenos del Espíritu, se ven enfrentados a tomar una decisión: creer que están llenos o retirarse con incredulidad. En este caso han pecado, porque "todo lo que no proviene de fe es pecado".

El mismo cristiano que al actuar en forma personal le dice al nuevo converso: "tómele la palabra a Dios en todo lo concerniente a la salvación", halla difícil aplicar ese consejo a sí mismo respecto a ser lleno del Espíritu Santo. Puede asegurarle a un recién nacido en Cristo, que carece de la seguridad de la salvación, que no debe dudar un instante de que Cristo entró en su vida porque El prometió hacerlo así si se lo invitaba a entrar, Dios siempre guarda su palabra. Qué hermoso sería si ese mismo obrero sincero del Señor le creyera a Dios cuando dice: "¿Cuánto más vuestro Padre Celestial dará el Espíritu Santo a los que se lo piden? " Si hemos cumplido los cuatro primeros pasos, entonces agradezcamos a Dios por fe el habernos llenado. No debemos esperar extrañas sensaciones, ni señales físicas, sino que debemos ajustar nuestra fe a la Palabra de Dios que es independiente de todo sentimiento. Podemos tener una sensación de seguridad al recibir la plenitud del Espíritu, como consecuencia de tomarle a Dios su palabra y creer que El nos ha llenado; pero eso es un efecto y no la causa de haber sido llenos, y ni siquiera determina si estamos o no llenos. Creer que estamos llenos del Espíritu es simplemente tomarle la Palabra a Dios, que es lo único absoluto que existe (*Mt.* 24:35).

Caminar en el Espíritu

"Digo, pues: Andad en el Espíritu, y no satisfagáis los deseos de la carne" (Gá. 5:16).

"Si vivimos en el Espíritu, andemos también por el Espíritu" (Gá. 5:25).

"Andar en el Espíritu" no es sinónimo de ser llenos del Espíritu, si bien están estrechamente emparentados. Una vez observadas las cinco reglas para obtener la plenitud del Espíritu Santo, podemos andar en el Espíritu por el sencillo expediente de guardarnos de apagar o apesadumbrar al Espíritu (como lo veremos en los dos próximos capítulos) y ajustarnos a los cinco pasos mencionados cada vez que percibimos que el pecado se ha metido subrepticiamente en nuestras vidas. El ser llenos con el Espíritu Santo no es una experiencia aislada que ocurre una vez y para siempre. Todo lo contrario, debería repetirse diariamente. Esto puede suceder cuando estamos arrodillados durante nuestras devociones, en la mesa del desayuno, camino al trabajo, barriendo el piso de la cocina, al hablar por teléfono, es decir, en todo momento y lugar. En efecto, andar en el Espíritu nos pone en permanente comunión con Dios, que es lo mismo que morar en Cristo. "Andar en el Espíritu" es librarnos de nuestras debilidades. Aun nuestras mayores debilidades pueden ser superadas por el Espíritu Santo (capítulo 10). En lugar de estar dominados por nuestras debilidades, podemos ser dominados por el Espíritu Santo. ¡Esa es la voluntad de Dios para todos los creyentes!

8

LA IRA ENTRISTECE AL ESPIRITU SANTO

"Ninguna palabra corrompida salga de vuestra boca, sino la que sea buena para la necesaria edificación, a fin de dar gracia a los oyentes.

"Y no contristéis al Espíritu Santo de Dios, con el cual fuisteis sellados para el día de la redención.

"Quítense de vosotros toda amargura, enojo, ira, gritería y maledicencia, y toda malicia.

"Antes sed benignos unos con otros, misericordiosos, perdonándoos unos a otros, como Dios también os perdonó a vosotros en Cristo" (*Ef.* 4:29-32).

El hecho de entristecer al Espíritu Santo por medio del enojo, de la amargura, de la ira u otras formas de humana terquedad arruina probablemente más testimonios cristianos que ningún otro pecado.

El texto bíblico no deja lugar a dudas de que contristamos al Espíritu Santo de Dios por medio de la amargura, la ira, el enojo, las griterías, las maledicencias y la malicia, que son enemistad del corazón. Por alguna razón, cristianos que en todo lo demás son realmente consagrados, se resisten a reconocer como pecados estas emociones que nacen del enojo. Por el contrario, es muy común detener el progreso en la vida cristiana al no poder vencer ciertos hábitos externos tales como beber, jugar y hablar profanamente, *etc.* sin tener que habérselas con las emociones que se agitan en el interior. Si bien el enojo es invisible, es un pecado que no va en zaga de esas otras prácticas que se hacen a la vista de todos. *Gálatas* 5:21 les asigna a las enemistades, las iras y las contiendas la misma categoría que a los homicidios, borracheras y orgías, al decir que ". . .ya os lo he dicho antes, que los que practican tales cosas no heredarán el reino de Dios".

La ira: un pecado universal

La ira es uno de los dos pecados universales de la humanidad. Luego de actuar como consejero de centenares de personas hemos llegado a la conclusión de que todas las tensiones emocionales admiten una de dos causas: ira o temor. No recordamos un solo caso de individuos o de parejas desconcertados o turbados, en quienes su problema básico no surgiera de una actitud iracunda, amarga y vitriólica, o temerosa, ansiosa, preocupada y deprimida. El doctor Henry Brandt, en su libro *The Struggle for Peace* (La lucha por la paz) señala que la ira puede hacer que una persona se torne temerosa. El doctor Raymond L. Cramer, otro sicólogo cristiano, afirma en su libro *The Psychology of Jesus and Mental Health* (La sicología de Jesús y la salud mental): "A veces la ansiedad se manifiesta en forma de ira. Hay grandes probabilidades de que las personas ansiosas se tornen irritables e iracundas".[1] La ansiedad es una forma de temor; por lo tanto, a partir de las afirmaciones de estos dos sicólogos cristianos, podemos arribar a la conclusión de que las personas iracundas pueden tornarse temerosas y las personas temerosas pueden tornarse iracundas. La ira entristece al Espíritu Santo y el temor apaga al Espíritu Santo, según lo veremos en el próximo capítulo.

Al estudiar los temperamentos dijimos que los extrovertidos temperamentos sanguíneo y colérico tenían la tendencia a ser iracundos, mientras que el melancólico y el flemático se inclinaban a ser temerosos. Puesto que la mayoría de las personas son una combinación de temperamentos podemos admitir que hay una predisposición hacia estas dos debilidades, es decir al temor y a la ira en el caso, por ejemplo, de ser predominantemente sanguíneos y contar con un 30 por ciento de tendencia melancólica. Por otro lado, y a partir de las afirmaciones ya citadas por los doctores Brandt y Cramer, podríamos concluir que las expresiones de ira de los temperamentos inclinados a la iracundia pueden causar temor, de la misma manera que las exteriorizaciones temerosas del melancólico y flemático pueden desencadenar respuestas de ira y hostilidad. Es nuestra personal opinión que estas dos emociones esclavizan más cristianos a la ley del pecado que ninguna otra emoción o deseo. ¡Gracias a Dios que hay una cura para estas debilidades, por medio del Espíritu Santo!

El alto precio de la ira

Si los hombres realmente comprendieran el alto precio que tienen que pagar por la ira contenida o por la amargura o el enojo, buscarían algún remedio para ese mal. Hemos de considerar el alto precio de la ira desde los puntos de vista emocional, social, físico, financiero y, más importante que lo demás, espiritual.

A. Emocionalmente

La ira contenida y la amargura pueden perturbar emocionalmente a un individuo, al grado de que "no es el mismo". Llegado a este estado, con frecuencia toma decisiones que son dañosas, inútiles o embarazosas. Somos por naturaleza seres intensamente emocionales, hechos así por Dios; pero si permitimos que nos domine la ira, sofocaremos la exquisita emoción del amor. Hay hombres que llevan a sus hogares las inquinas y tirrias de la oficina, y subconscientemente dejan que su enojo impida las manifestaciones de amor hacia su esposa e hijos. En lugar de disfrutar de sus familias y ser disfrutados por ellas, permiten que sus mentes y emociones cavilen sobre los disgustos del día. La vida es demasiado corta y los momentos que estamos en casa demasiado breves para pagar semejante precio por el enojo.

El doctor S.I. McMillen, médico cristiano, escribió un libro interesantísimo titulado *None of These Diseases* (Ninguna de estas enfermedades). Extractamos algunas de sus reflexiones:

"En el preciso instante en que comienzo a odiar a un hombre me transformo en su esclavo. Ni siquiera puedo disfrutar de mi trabajo porque él controla mis pensamientos. Mi resentimiento produce una excesiva cantidad de hormonas de tensión y me canso a las pocas horas de trabajo. El trabajo del cual antes disfrutaba ahora me resulta penoso. Ni siquiera siento placer en las vacaciones. . . el hombre que odio me persigue donde quiera que vaya. No puedo escapar de la garra con que me aprieta mi mente. Cuando el mozo del restaurante me sirve un biftec de solomillo y filete con papas fritas, espárragos, ensalada, torta de frutillas con helado, me da lo mismo que si fuera pan duro y agua. Mis dientes mastican la comida y la trago, pero el hombre que odio no me permite disfrutarla. . . el hombre que odio puede estar a kilómetros de distancia de mi dormitorio pero, más cruel que un capataz de esclavos, castiga mis pensamientos hasta ponerme tan frenético que el muelle colchón de mi cama se transforma en potro de tormento".[2]

La ira toma muchas formas. Hay quienes no se consideran iracundos porque no saben los distintos disfraces tras los cuales se oculta la ira. La siguiente tabla describe 16 variantes de la ira:

Amargura	Ira
Malicia	Odio
Gritería	Disensiones
Envidia	Celos
Resentimiento	Agresión
Intolerancia	Habladurías
Crítica	Sarcasmo
Venganza	Implacabilidad

B. Socialmente

No es nada agradable alternar con personas iracundas; en consecuencia, los iracundos, quejosos y malhumorados, son gradualmente suprimidos de los compromisos sociales o excluídos de las reuniones donde hay sana diversión. Este es el precio que a menudo hay que pagar por la ira del cónyuge, lo que a su vez aumenta el enojo que media entre ambos y cercena lo que de otra manera podría ser una magnífica relación.

El precio social que hay que pagar por la ira interior y la amargura se exacerba con la edad. Todos hemos oído que alguien alguna vez pregunta: "¿Han notado qué testarudo e intratable se está volviendo el abuelo al ponerse viejo?" En realidad no se ha producido ningún cambio. Lo que sucede es que a medida que avanza en edad, el abuelo pierde algunas de sus inhibiciones y el deseo de agradar a otros y retorna a las más primitivas reacciones de la infancia. Los niños no tratan de esconder sus sentimientos sino que los expresan sin cortapisa; las personas de edad avanzada retoman ese hábito. El abuelo comienza a actuar tal como se sintió toda su vida. Es insoportable tenerlo cerca de uno con su amargura, su resentimiento y su compasión de sí mismo que, a su vez, le hace más difícil sobrellevar su ancianidad. ¡Qué tragedia si el abuelo es un cristiano y no le permitió al Espíritu Santo de Dios que hiciera "morir las obras de la carne" (*Ro.* 8:13) muchos años atrás!

C. Físicamente

Resulta difícil separar el precio físico que se

paga por la ira del precio económico, porque
la ira y la amargura producen un estado de gran
tensión que, a su vez, causa un malestar físico,
de modo que los cristianos malgastan inútil-
mente miles de dólares en médicos y en reme-
dios. Los médicos y las asociaciones médicas
de hoy en día han publicado numerosas estadísticas que demuestran que del 60 hasta el 90
por ciento de las enfermedades reconocen por
causa las emociones, ¡y la ira y el temor son los
principales culpables! (Pensemos nada más en
los misioneros que podrían ser enviados al ex-
tranjero y en las iglesias que podrían construirse
con el 60 por ciento del dinero que los cristianos
gastan en medicamentos.)

Si es correcta la estimación de los médicos,
y no tenemos razón alguna para creer lo contrario, esto es dinero y talentos malgastados. ¿Cómo pueden las emociones causar males físicos?
La explicación es muy sencilla, pues nuestra
estructura física está intrincadamente ligada a
nuestro sistema nervioso. Toda vez que el sistema nervioso se pone en tensión debido a la ira
o al temor, afecta negativamente una o más partes del cuerpo. Tanto el doctor McMillen como
el doctor Brandt citan en sus libros una ilustración, a modo de ejemplo, dibujada por el doctor
Sourgeon English en su libro titulado *The
Automatic Nervous System* (El sistema nervioso
automático). El ejemplo, basado sobre las obras
de la carne tal cual los describen *Gálatas* 5 y
Efesios 4, fue inspirado en alguna medida por la
ilustración del doctor English.

Proverbios 4:23, dice: "Sobre toda cosa guar-
dada, guarda tu corazón; porque de él mana la

vida''. Por lo tanto, el corazón al cual se refería el autor de *Proverbios*, no era la bomba aspirante-impelente que reconocemos como órgano central del sistema circulatorio, sino el centro de las emociones localizado entre ambas sienes. Para estimular un músculo cualquiera del cuerpo y hacer que se contraiga y ejecute un movimiento, debe recibir una orden que se gesta en el centro emocional, y de ahí se dirige al músculo que la solicitó. Esta orden o mensaje se desplaza con la velocidad del rayo y no somos conscientes de la fuente en la cual se originó. Por ejemplo, cuando el jugador de béisbol que está situado entre la segunda base y la tercera, ve la pelota como un fogonazo a su izquierda, su cuerpo, brazos y piernas se mueven en lo que pareciera ser un solo, coordinado y espontáneo movimiento, pero nada tiene de espontáneo; antes de hacer el más mínimo movimiento con sus músculos, su centro emocional envió sus impulsos para la acción a través del sistema nervioso, informando a los miembros con exactitud lo que debían hacer en una situación dada.

Si el centro emocional es normal, entonces las funciones del cuerpo también serán normales. Si, por el contrario, el centro emocional está "trastornado" o se comporta anormalmente, se produce una reacción que a través del sistema nervioso afecta prácticamente a todo el cuerpo.

El dibujo que aparece en la página 112 interpreta lo que es *el hombre sin Cristo,* muestra las tres partes más importantes del ser humano: la voluntad, la mente y el corazón (o centro de las emociones). Al hombre lo afectan emocionalmente los dictados de la mente. Y lo que su mente elabora lo determina su voluntad. Por lo tanto, si el hombre escoge el camino de la desobediencia a Dios, y permite que su mente elabore pensamientos que produzcan emociones contrarias a la voluntad de Dios, dichas emociones se traducen en actos que desagradan a Dios.

¡Todos los pecados comienzan en la mente! El hombre nunca comete espontáneamente un pecado. Mucho antes de cometer un homicidio el hombre abriga en su mente el odio, la ira y la amargura. Antes de cometer adulterio abriga en su mente la lujuria. La inmunda literatura pornográfica estimula la mente hacia el mal, en tanto que la Palabra de Dios calma las emociones y lo guía por sendas de justicia. Alguien dijo: "Dime lo que lees y te diré quién eres". El hombre elige, por su propia voluntad, si ha de leer literatura pornográfica o algo edificante tal como la Biblia. Su mente recibe lo que escoge leer o escuchar, y sus emociones se verán afectadas según lo que incorpora a su mente. De ahí el desafío de Jesucristo al hombre: "Amarás al Señor tu Dios, con todo tu corazón, con toda tu alma (voluntad) y con toda tu mente" (*Mt.* 22:37).

UN HOMBRE SIN CRISTO

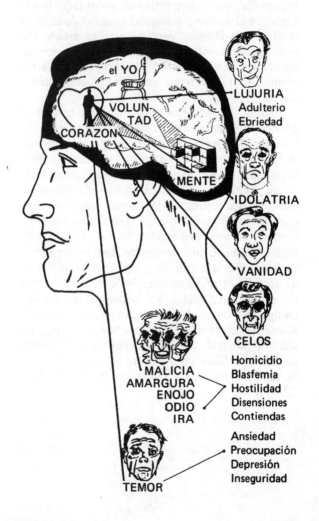

el YO

VOLUN-
TAD

CORAZON

MENTE

LUJURIA
Adulterio
Ebriedad

IDOLATRIA

VANIDAD

CELOS

MALICIA
AMARGURA
ENOJO
ODIO
IRA

Homicidio
Blasfemia
Hostilidad
Disensiones
Contiendas

Ansiedad
Preocupación
Depresión
Inseguridad

TEMOR

Dice el doctor McMillen: "Los centros de las emociones provocan estos extensos cambios por medio de tres mecanismos principales: modificando el aporte de sangre que afluye a un órgano; afectando las secreciones de ciertas glándulas; alterando la tensión muscular". Señala a continuación que las emociones de ira o de odio pueden provocar una vasodilatación cuyo desenlace es un aporte anormal de sangre a la cabeza. El cráneo es una estructura rígida que no permite expansión alguna; en consecuencia, el enojo y la ira desembocan fácilmente en un terrible dolor de cabeza.

Un médico amigo hizo una demostración práctica del mecanismo por el cual nuestras emociones pueden causar úlceras y otras enfermedades del tracto gastrointestinal debido a un deficiente aporte de sangre al estómago y otros órganos vitales. Para ello cerró con fuerza su puño hasta que los nudillos se pusieron blancos. "Si pudiera mantener mi puño cerrado por un tiempo suficientemente prolongado, mis dedos perderían todo vestigio de sensación, porque no hay aporte sanguíneo. La solución para el problema planteado es muy simple: todo lo que tengo que hacer es aflojar los dedos y abrir la mano". Diciendo esto el médico abrió su mano y los dedos retornaron a su color normal. Explicó que tenemos un músculo que recubre el estómago, músculo controlable emocionalmente, y que en un arranque de ira se contrae a tal grado que impide el aporte sanguíneo a órganos tan vitales como el corazón, el estómago, el hígado, los intestinos, los pulmones, la vejiga, etc.

Es fácil comprender, a partir de esta ilustración, que en un prolongado período de enojo, resentimiento, odio, ira o amargura puede dañar seriamente estos órganos del cuerpo. El doctor McMillen menciona más de 50 enfermedades que reconocen como etiología las tensiones emocionales. Hasta sugiere que algunas de las enfermedades infecciosas más conocidas se contraen cuando hay déficit en la resistencia del organismo en el momento de producirse el contagio, y esa disminución de la resistencia reconoce como causa una prolongada tensión emocional. Pensemos en todos los cristianos afectados de tantas inútiles enfermedades que pudieran haberse evitado, con toda su dolorosa secuela, si tan sólo hubieran estado "llenos con el Espíritu Santo".

Tenemos así la respuesta a la pregunta tantas veces formulada por cristianos rebeldes y amargados: "¿Por qué ha permitido Dios estas enfermedades en mi vida?" Pareciera, según la autorizada opinión de los médicos, que no es Dios quien "permitió" estas enfermedades; la causa la debemos buscar en las pasiones desatadas, en el pecado.

Muchos médicos no han tenido otro recurso que decirles a sus pacientes cardíacos o víctimas de alta presión sanguínea, que padecen de colitis, bocio u otras enfermedades corrientes que: "No encontramos nada orgánicamente mal en usted; su enfermedad obedece a un estímulo emocional". Ante esa respuesta los enfermos suelen enojarse porque imaginan que, en otras palabras, es una forma de decirles que están mal de la cabeza. Lo que el médico quiere significar es que la causa de la enfermedad está radicada en su centro emocional. Un sicólogo me dijo que el 97 por ciento de los pacientes que lo consultaban por úlcera de estómago, padecen esa enfermedad debido al enojo. Tanto es así que una de las primeras preguntas que ese especialista les formula a los pacientes ulcerosos es: "¿Contra quién está furioso?" Luego comentaba el sicólogo: "Generalmente se ponen furiosos conmigo luego de esa pregunta".

El aumento siempre creciente de enfermedades físicas originadas en causas emocionales ha generalizado el uso de tranquilizantes y otros productos sedantes de las emociones. Estos tratamientos tienen efectos muy poco duraderos, porque no actúan sobre la causa que origina el problema. Los sicólogos aseguran que el hombre es incapaz de controlar totalmente sus emociones aún poniendo en juego toda su voluntad. Estoy totalmente de acuerdo, porque he descubierto que nada que no sea el poder de Jesucristo puede transformar a un individuo iracundo, amargo y vitriólico en una persona amorosa, compasiva, gentil y amable. La cura de este problema, mediante Jesucristo, será el tema del capítulo 10 de este libro.

D. Espiritualmente

El precio más alto que hay que pagar por una disposición iracunda y amarga, pertenece al ámbito espiritual. Jesucristo vino al mundo no solamente para asegurarnos la vida eterna, después de muertos, sino para darnos vida abundante aquí y ahora. Y esa vida abundante solamente la podemos experimentar si "moramos en él" o si somos "llenos del Espíritu Santo".

Ninguna persona puede morar en Cristo ni puede ser lleno con el Espíritu Santo en tanto entristezca al Espíritu Santo. Y recordemos que el "enojo, la amargura, la ira, la gritería y la enemistad" entristecen al Espíritu Santo de Dios.

El contristar al Espíritu Santo limita la obra de Dios en la vida de una persona, le impide madurar en Jesucristo, y le traba la posibilidad de ser el cristiano radiante, efectivo y fructífero que quisiera ser. Las iglesias están hoy llenas de cristianos evangélicos que, al igual que los hijos de Israel, nunca pudieron entrar en posesión de sus bienes. El permanente contristar al Espíritu Santo de Dios, a causa del enojo, impide que los hijos de Dios disfruten todo lo que Jesucristo les depara para hoy. Y todo esto afecta al creyente no solamente en esta vida, sino también en la vida venidera, porque deberíamos ocupar nuestro tiempo atesorando riquezas en el cielo, que sólo podemos hacerlo en tanto caminamos en el Espíritu. Insistimos en que el hecho aislado más importante para cualquier cristiano es que debe caminar en el Espíritu, pero para hacerlo debe permitirle a Dios que cure su natural tendencia a la ira y al desorden interior.

La principal causa del enojo

¿Qué es lo que hace que un ser humano perfectamente normal, agradable y simpático reaccione de pronto acaloradamente dando muestras de su enojo? El entender y aceptar la respuesta a esa pregunta le permite dar al cristiano el primer gran paso hacia su curación.

Sin careta y sin las elaboradas excusas que pretenden minimizar al enojo, sin llamarlo "ese diablillo que llevo adentro" o "mi sangre irlandesa", debemos enfrentarnos a una fea palabra: *egoísmo*. Si bien nos encanta perdonar nuestras debilidades y justificarlas ante nosotros mismos al par que nos deleitamos en nuestros rencores y damos rienda suelta a nuestros sentimientos vengativos, iracundos y amargos; lo cierto es que todos están motivados por el egoísmo. Cuando estamos enojados es porque alguien ha violado nuestros derechos y estamos interesados en nosotros mismos. Cuando sentimos amargura contra alguien, es porque nos ha perjudicado de alguna manera, y volvemos al mismo punto del egoísmo. La venganza está siempre inspirada en el egoísmo.

Una encantadora señora cristiana vino a contarme su versión de los problemas planteados en su casa. Cuando le mencioné su espíritu iracundo y amargo, me respondió con una brusquedad no exenta de torpeza: "¡ Ya lo quisiera ver a usted en mi lugar viviendo con un hombre que lo trata sin miramientos, como si fuera basura! " Concedamos que no la trataba como debería hacerlo un cristiano, pero su reacción no estaba inspirada en la generosidad; todo lo contrario, era el viejo egoísmo el que salía a la superficie. Mientras más expresaba su egoísmo más furiosa se ponía y peor la trataba su esposo.

La enfrenté con el hecho de que tenía dos problemas que resolver. Me miró sorprendida y me preguntó:

—¿Ha dicho usted que tengo dos problemas? Pues sepa usted que tengo uno solo: mi marido.

—No— le respondí—, usted tiene dos problemas. Uno es su marido y el otro es su actitud hacia su esposo. En tanto usted, como cristiana, no reconozca su propio pecado de egoísmo y le pida a Dios una adecuada actitud, aun en las actuales circunstancias, continuará contristando al Espíritu Santo de Dios. Es increíble el cambio que se produjo en esa mujer en menos de un mes. En lugar de utilizar a su esposo como una excusa para dar rienda suelta a su enojo, comenzó por atesorar su relación con Jesucristo en vez de exteriorizar su propio egoísmo. Acudió al que ha prometido que "suplirá todo lo que os falta conforme a sus riquezas en gloria en Cristo Jesús" (*Fil.* 4:19), y experimentó la victoria sobre la amargura, la ira, el enojo y todas esas actitudes emocionales que contristan al Espíritu Santo. En lugar de esperar un cambio en el comportamiento de su esposo, literalmente cambió el comportamiento de su esposo mediante el de ella. Me dijo que cuando Dios le concedió la victoria sobre su pésima disposición, comenzó a ser amable "con el que la ultrajaba", siguiendo las instrucciones del Señor (*Mt.* 5:44). Puesto que el amor engendra amor y que cosechamos lo que sembramos, a poco andar su esposo respondió con amabilidad.

Por fantástico e increíble que esto parezca, he comprobado la misma cosa en todas las personas que están dispuestas a reconocer que su iracundia y agitación interior son un pecado de egoísmo y acuden a Dios en busca de la gracia, del amor y del dominio propio que El ha prometido a quienes se lo piden. Si están recogiendo una cosecha de cólera, amargura y odio, una somera investigación les hará reconocer que han *sembrado* semillas de cólera, amargura y odio. La Biblia nos dice: "Todo lo que el hombre sembrare, eso también segará". Si mis lectores han sembrado amor, deberían cosechar amor. Si no están cosechando amor, les aconsejo que cambien las semillas que están sembrando.

---

1. Raymond L. Cramer, *The Psychology of Jesus and Mental Health*, (La sicología de Jesús y la salud mental). Copyright 1959, Cowman Publications, Inc. pág. 27, con permiso.
2. S. I. McMillen, *None of These Diseases* (Ninguna de estas enfermedades). Copyright Fleming, H. Revell Company, pág. 73, con permiso.
3. Ibid., pág. 60.

9

EL TEMOR APAGA AL ESPIRITU SANTO

> Estad siempre gozosos.
> Orad sin cesar.
> Dad gracias en todo, porque esta es la voluntad de Dios para con vosotros en Cristo Jesús.
> No apaguéis al Espíritu.
>
> 1 *Tesalonicenses* 5:16-19

Apagar y contristar al Espíritu Santo son los dos pecados contra los que hay que ponerse en guardia para poder mantener una vida llena en el Espíritu. Ya hemos visto que se puede contristar al Espíritu Santo por medio del enojo. Veremos ahora que con el temor apagamos al Espíritu Santo. Y apagar al Espíritu Santo significa sofocarlo o limitarlo. Ni el entristecer ni el apagar al Espíritu Santo lo elimina de nuestra vida, pero restringimos notoriamente el control que ejerce sobre nuestros cuerpos que Dios, de otra manera, podría fortalecer y utilizar.

Nuestro texto indica que el cristiano lleno del Espíritu tendría que ser uno que se "regocija. . . siempre" (*Fil.* 4:4) y que "da gracias en todo" (1 *Ts.* 5:18). Cada vez que el cristiano no se regocija o no da gracias *por todo*, está contrariando la voluntad de Dios. Y por cierto que no se refiere solamente a las circunstancias favorables, porque aún el hombre natural se regocija en circunstancias agradables. Pero cuando la Escritura nos dice "estad siempre gozosos" y "dad gracias en todo", significa en toda circunstancia. Por lo tanto, para que el hombre pueda dar gracias por todo, debe vivir por fe. Es la fe en el amor de Dios, en el poder de Dios y en los planes de Dios para nuestras vidas, la que nos mantiene gozosos, por la intervención del Espíritu, en cualquier circunstancia en que nos hallemos. Una actitud desdichada y desagradecida, que apaga al Espíritu Santo, nace a consecuencia de nuestra falta de confianza en la fidelidad de Dios, provocando, a su vez, el temor ante las inciertas circunstancias de la vida. Vamos a examinar, a continuación, el tema del temor, como factor de apagamiento del Espíritu Santo.

El temor: un mal universal

El temor fue la primera reacción, de parte de Adán y Eva, por el pecado de la desobediencia. Cuando Adán y Eva "oyeron la voz de Jehová Dios que se paseaba en el huerto, al aire del día. . . el hombre y su mujer se escondieron de la presencia de Jehová Dios entre los árboles del huerto. Mas Jehová Dios llamó al hombre, y le dijo: ¿Dónde estás tú? Y él le respondió: Oí tu voz en el huerto y tuve miedo, porque estaba desnudo; y me escondí" (*Gn.* 3:8-10).

Desde aquel día hasta el día de hoy, mientras el hombre más se aleja de Dios por su desobediencia, más temor experimenta. La misma ley se cumple a la inversa. Mientras el hombre más obedece a Dios, más aprende de El y más se apoya en El en toda necesidad, menos temor experimenta. Es fácil comprobar nuestro aserto sobre la naturaleza universal del temor, recordando que nuestro Señor Jesucristo frecuentemente exhortaba a sus discípulos con frases tales como "no temáis, manada pequeña" (*Lc.* 12: 32), "no seas incrédulo sino creyente" (*Jn.* 20: 27), "hombre de poca fe" (*Mt.* 14:31) y "no se turbe vuestro corazón ni tenga miedo" (*Jn.* 14:27). Nunca antes en la historia de la humanidad el problema universal del temor ha afectado a tantos y provocado semejante devastación en las mentes y en los cuerpos de las personas, como en el día de hoy. Las actuales circunstancias por las que atraviesa el mundo no son conducentes a la paz ni estimulan a la fe, pues muchos sienten que se sueltan sus amarras y son presas del temor. Los medios informativos nos recuerdan con harta frecuencia que hay brutalidades, guerras, peleas, tumultos, violaciones y todo tipo de espantoso comportamiento. Muy poco espacio le brindan los diarios a noticias que calmen las emociones; por el contrario, gran parte de su material transforma en terror el natural temor del hombre. Aparte de todo eso, existe lo que el fallecido presidente Kennedy llamaba "la espada de Dámocles" que pende constantemente sobre nuestras cabezas en la forma de un holocausto nuclear.

Para los hijos de Dios es reconfortante, frente a la reacción de temor ante las condiciones del mundo, escuchar las palabras del Señor Jesucristo que dijo: "Oiréis de guerras y rumores de gue-

rras; *mirad que no os turbéis*" (*Mt.* 24:6). Si
bien el temor es universal, los hijos de Dios no
tienen porqué ser dominados, obligadamente,
por este maligno destructor emocional.

En el número correspondiente a octubre de
1964, de la revista *Reader's Digest* una reimpre-
sión de un artículo de Joseph Fort Newton, que
fue pastor de la Iglesia de Santiago en Filadelfia,
titulado "De la Correspondencia de un Pastor",
decía lo siguiente: "Durante varios años dirigí
en un diario una columna titulada "Vida de todos los días". El diario tenía un gran tiraje y
era leído por millones de personas. De las mon-
tañas de cartas que recibí no más de una media
docena plantearon problemas o interrogantes de
teología, tal, por ejemplo, la diferencia que divide a las diferentes confesiones religiosas. Lo que
primero salta a la vista en todas esas cartas es
que el enemigo privado número 1 en la vida del
hombre no es el pecado ni la tristeza; es el temor. El más corriente de todos es el temor de
nosotros mismos y eso, por cierto, no es saludable. Los hombres de hoy en día temen al fracaso, al desbarajuste, a la pobreza; y al temor de
no estar a la altura de las demandas que se le
exigen. Pocos son los que gozan de seguridad
material; y hemos depositado tanto a cuenta de
esa seguridad, que la falta del mismo asume de
noche formas fantasmagóricas y dimensiones gi-
gantescas, robándonos el sueño que necesitamos
para ejecutar un buen trabajo el día siguiente. Y
es este temor de uno mismo el que hace de la vida una agonía. Parejo al temor —si no una forma
del mismo— está la preocupación, que machaca
y corroe, nos desgasta y nos incapacita para la

vida. La preocupación es un hilo de agua que se nos mete en la mente poco a poco como un veneno, hasta que nos paraliza. A menos que le pongamos una valla, logra cavar una zanja por la cual se introducen libremente todos los demás pensamientos".[1]

El temor, al igual que la ira, adopta muchas formas. La tabla siguiente describe las principales variantes.

Ansiedad	Preocupación
Dudas	Inferioridad
Timidez	Cobardía
Indecisión	Recelo
Superstición	Vacilación
Ensimismamiento	Depresión
Soledad	Arrogancia
Hiperagresividad	Timidez social

Este solo tema demandaría todo un libro, pero nos limitaremos a cuatro categorías.

El precio emocional del temor

Debido al temor, miles y miles de personas sufren las consecuencias de un colapso mental y emocional. Los tratamientos por electrochoques y choques insulínicos se aplican cada vez con mayor frecuencia en pacientes aherrojados por la tiranía del temor. Muchas personas temerosas se meten en una caparazón y dejan pasar la vida, sin gustar las riquezas que Dios les ha deparado, simplemente porque tienen miedo. Y lo más trágico de todo es que la mayoría de las cosas que temen no ocurren jamás. Un joven ejecutivo, dirigiéndose al personal de una empresa, afirmó que el 92 por ciento de las cosas que teme la gente, no ocurren nunca. No estamos en condiciones de suscribir la exactitud de esa cifra, pero resulta indudable, con solo examinar la vida de cualquiera, que la abrumadora mayoría de las cosas que provocan temor nunca ocurren, o, si lo hacen, no son tan graves como uno se imaginó que serían.

En cierta oportunidad aconsejé a una señora que diez años atrás se separó de su marido debido a una perturbación emocional nacida del temor. Se obsesionó con la idea de que otra mujer le iba a arrebatar a su marido, y su mente, emocionalmente trastornada, la llevó a un comportamiento tan excéntrico y anormal en su hogar que obligó al marido a dejarla, si bien "la otra mujer" jamás existió.

Luego de leer la declaración del doctor S.I. McMillen, se entiende mejor a cuánto asciende el precio emocional del temor: "Alrededor de nueve millones de norteamericanos padecen enfermedades emocionales y mentales. Los que sufren de enajenación mental ocupan tantas camas en los hospitales como la suma de pacientes de todas las demás enfermedades clínicas y quirúrgicas. Uno de cada veinte norteamericanos padece de una perturbación sicopática suficientemente grave como para confinarlo en un hospital para insanos. Las enfermedades mentales son el problema de salubridad número 1. ¿Cuánto cuesta la atención de nuestros pacientes en los hospitales para enfermedades mentales? El costo anual en los Estados Unidos gira alrededor de mil millones de dólares. Además, fuera de los asilos y manicomios, hay un gran número de

personas que no precisan ser confinados pero
que son incapaces de subsistir por sí solas. Trabajan poco o no trabajan nada y significan una
tremenda carga para los contribuyentes".[2] Este
precio no incluye la pena y la confusión de las
familias cuyos miembros son admitidos en los
sanatorios y asilos. Un solo miembro del matrimonio —el padre o la madre—, deberá ocuparse
de la crianza de los niños, y las criaturas reciben
una educación deficiente, o ninguna educación,
como resultado de la enfermedad emocional de
uno de los padres.

El precio social del temor

Tal vez el precio social del temor sea el más
fácil de soportar, pero no deja de ser caro. Nadie
disfruta de la compañía de personas dominadas
por el temor. Su espíritu pesimista y quejum-
broso hace que los demás rehuyan su proximi-
dad, lo cual profundiza aún más sus perturba-
ciones emocionales. Mucha gente que en todo
lo demás pueden ser agradables y felices, son
borrados de las listas de compromisos sociales,
lo cual limita su número de amistades, debido
simplemente a sus infundados temores.

El precio físico del temor

El temor, lo mismo que la ira, produce una
tensión emocional y ya hemos visto que, desde
el punto de vista médico, esa tensión es la causa
de dos terceras partes o más de los padecimien-
tos físicos de hoy en día.

Entre las enfermedades mencionadas por el
doctor McMillen, figuran la hipertensión sanguínea, las cardiopatías, los trastornos renales, el

bocio, la artritis, las jaquecas, la apoplejía y la mayor parte de las 51 enfermedades que señaló, cuya etiología es la ira. Al explicar el efecto que produce el temor sobre el corazón humano, cita al doctor Roy R. Grinker, uno de los directores del *Michael Reese Hospital* de Chicago: "Este médico asegura que la ansiedad ejerce mayor tensión sobre el corazón que cualquier otro estímulo, incluido el ejercicio físico y la fatiga".[3] El doctor McMillen señala que el temor produce una reacción química en el cuerpo humano, comparable a cuando se nos seca la boca antes de pronunciar un discurso. Tal reacción no daña a nadie dada la brevedad de la experiencia, pero si ello ocurre hora tras hora, debido a un permanente temor, puede dañar el organismo.

Un médico amigo mío me explicó cómo era el mecanismo. Contamos con un sistema de alarma automático, que suena cada vez que nos enfrentamos a una emergencia. Si el timbre de la puerta de la calle suena a las dos de la madrugada, nos despertamos de inmediato con un pleno control de nuestras facultades aun cuando seamos de sueño pesado. Es un don natural que Dios ha brindado a los seres humanos. Lo que ocurre es que las glándulas suprarrenales son estimuladas por el susto de la emergencia y segregan adrenalina que se incorpora al torrente sanguíneo, lo que de inmediato nos permite tomar control de todas nuestras facultades; aumenta notoriamente nuestro vigor físico y nuestra capacidad mental a un nivel superior a lo normal para poder lidiar adecuadamente con el problema.

Cuando pastoreaba una iglesia en Carolina del Sur, uno de los miembros de la congregación tuvo que llevar urgentemente a su esposa al hospital para dar a luz un hijo. En momentos en que descendía por el barroso camino de la montaña su vehículo patinó y cayó en una zanja. En la emergencia su glándula suprarrenal bombeó, por así decirlo, una cantidad masiva de adrenalina en el torrente sanguíneo; de un salto se puso delante del automóvil y a empujones logró sacarlo de la zanja y llevarlo de vuelta al camino. Se metió de nuevo tras el volante y condujo a su esposa al hospital. Al día siguiente, en el sitio de estacionamiento del hospital, trató de demostrarles a sus incrédulos amigos que había levantado la parte delantera de su Ford modelo "A", pero para su enorme sorpresa no lo pudo separar del suelo ni un centímetro. Intentó hacer toda la fuerza que podía, pero el automóvil no se movió. Lo que él no sabía era que la noche anterior contó con una fuerza sobrehumana debido al sistema de alarma de emergencia que Dios le dio y que no tenía a su disposición para demostrar su proeza en el sitio de estacionamiento.

Mi amigo médico me explicó también que este proceso no perjudica en lo más mínimo al cuerpo humano, porque después de pasada la emergencia las glándulas suprarrenales retornan a su función normal y el torrente sanguíneo elimina el exceso de adrenalina sin efecto perjudicial alguno. No ocurre así, sin embargo, con el hombre que se sienta a la una de la tarde para pagar sus cuentas, y de pronto lo abruma el temor porque no le alcanza el dinero para pagar todas sus deudas. Hora tras hora, en tanto dure su preocupación, sus glándulas suprarrenales envían adrenalina a su torrente sanguíneo, proceso que a la larga puede causar graves deterioros físicos. Esta es, a veces, la etiología de un exceso de depósitos de calcio que puede llevar, en última instancia, a las dolorosísimas artritis.

Conozco una encantadora señora cristiana que padece de una artritis que finalmente la redujo a una silla de ruedas. Se sometió a todos los tratamientos médicos de que dispone la ciencia, hasta que el último especialista en artritis que consultó le dijo lisa y llanamente: "Lo siento mucho, señora de. . . . . . pero no encuentro nada orgánicamente malo en usted. Su artritis obedece a una causa emocional". Cuando supe de ese diagnóstico, mi mente volvió a mi infancia, cuando esta señora gozaba de perfecta salud. Si bien nos encantaba ir a su casa por los deliciosos pastelitos que nos hacía probar, cuando hablábamos de ella nos referíamos a "la mujer de la cara preocupada". Se preocupaba por todo. La inquietaba el puesto de su marido, si bien el hombre trabajó 30 años en la misma compañía y jamás dejó de cobrar un solo día. Temía por el futuro de su hija que hoy tiene un hermoso hogar y cinco preciosos hijos. Siempre angustiada por su debilucho y enfermizo hijo que creció hasta alcanzar una estatura de 1 metro 93 centímetros y que con sus 100 kilogramos de peso jugaba de defensor en el cuadro de fútbol Big Ten. No se me ocurre una sola cosa por la cual la señora no se preocupara, y todo absolutamente en vano.

No es de extrañar que el Señor Jesús dijera

en su Sermón de la Montaña: "No os afanéis por vuestra vida, qué habéis de comer o qué habéis de beber; ni por vuestro cuerpo, qué habéis de vestir" (*Mt.* 6:25). Significa, literalmente: "no piensen con ansiedad". Además el Espíritu Santo nos dice "Por nada estéis afanosos" (*Fil.* 4:6). La ansiedad y la preocupación que nacen del temor provocan indecibles sufrimientos físicos, limitaciones y muertes prematuras, no solamente a los incrédulos sino también a los cristianos que desobedecen la exhortación de: "Encomienda a Jehová tu camino, y confía en él" (*Sal.* 37:5).

Un día visité a una señora que estaba postrada en cama. Me asombré cuando supe que contaba de 15 a 20 años menos de lo que me había figurado. Envejeció prematuramente por ser lo que podríamos llamar una profesional de la preocupación. Tan amablemente como pude pero sin eufemismos, traté de explicarle que tenía que aprender a confiar en el Señor y no preocuparse tanto por todas las cosas. Su reacción fue tan típica que vale la pena relatarla. Echando fuego por sus ojos y con rabia concentrada me respondió:

—Bueno, alguien tiene que preocuparse por las cosas, ¿no es cierto?

—No, si se tiene un Padre Celestial que nos ama y se interesa por los más mínimos detalles de nuestra vida —le contesté. Pero esa querida hermana no captó el mensaje. ¡Espero que mis lectores lo capten!

¡Gracias a Dios que no somos huérfanos! Vivimos en una sociedad que se rige por el concepto de que somos el producto de un accidente biológico y de un largo y no dirigido proceso evolutivo. Esa teoría popular, que está perdiendo rápidamente terreno en los ámbitos científico, no sólo es errónea sino que esclaviza a la humanidad en una cárcel de tortura física debido al temor. Si somos cristianos debemos aprender de memoria *Filipenses* 4:6, 7 y pedirle a Dios cada vez que nos preocupamos ni seamos presa de la ansiedad. Agradezcámosle a Dios porque tenemos un Padre Celestial que se interesa por nuestros problemas y depositemos esos problemas en sus manos. Nuestros enjutos y débiles hombros no tienen la fuerza suficiente para soportar la pesada carga del mundo y ni siquiera la carga de nuestros problemas familiares, pero el Señor Jesús "es poderoso para hacer todas las cosas mucho más abundantemente de lo que pedimos o entendemos" (*Ef.* 3:20).

Me emocioné recientemente cuando una niñita del departamento infantil me citó de memoria un versículo. Me dijo:

—Hoy aprendí en la clase de la escuela dominical lo que Dios quiere que haga con mis problemas. El dijo: "Echando toda vuestra ansiedad sobre él, porque él tiene cuidado de vosotros" (1 *Pedro* 5:7). Si los creyentes actuaran realmente según ese versículo, se evitarían gran parte de los sufrimientos físicos y de la angustia consiguiente, incluyendo las dificultades económicas, que ocurren en el común de los hogares cristianos.

El precio espiritual del temor

El precio espiritual que hay que pagar por el temor es muy similar al precio espiritual de la ira. Apaga o ahoga al Espíritu Santo, que equivale a decir impide nuestra efectividad en esta vida y nos roba muchas recompensas en la vida por venir. El temor evita que seamos cristianos gozosos, felices y radiantes y en lugar de ello nos hace cristianos desagradecidos, quejosos y derrotados y por ello, infieles. A ningún pecador se le ocurriría acercarse a un temeroso y preguntarle: "Dígame, señor, ¿qué debo hacer para ser salvo?" Si Pablo y Silas hubieran temblado de miedo, no se habría convertido el carcelero de Filipos, ni contaríamos con el gran versículo de la salvación de *Hechos* 16:31.

El temor impide que el cristiano agrade a Dios. La Biblia nos dice que "sin fe es imposible agradar a Dios" (*He.* 11:6). El capítulo 11 de la epístola a los hebreos, llamado el "Capítulo de la Fe", registra una lista de los hombres cuya biografía conocemos tan en detalle a través de los relatos de la Sagrada Escritura que podemos afirmar, sin temor a equivocarnos, que representan los cuatro tipos temperamentales básicos. El factor que hizo que esos hombres fueran aceptos a los ojos de Dios fue que no se dejaron dominar por sus naturales debilidades, ya sea de temor o de enojo, sino que caminaron con Dios por fe. Consideremos cuatro hombres que representan los cuatro tipos temperamentales: Pedro el sanguíneo, Pablo el colérico, Moisés el melancólico y Abraham el flemático. No podemos imaginarnos ilustraciones más dinámicas del poder de Dios obrando en las vidas de los hombres. "Dios no hace acepción de personas". Lo que él hizo para fortalecer sus debilidades ¡lo hará por todos nosotros por medio de su Santo Espíritu!

¿Cuál es la causa del temor?

En razón de que el temor es una experiencia universal del hombre, y en razón también de que los lectores de este libro son padres, que pueden evitar esta tendencia en sus hijos, hemos de responder a esta pregunta en términos sencillos y de fácil comprensión.

1. Rasgos temperamentales.

Ya hemos visto que las personas de temperamento melancólico y flemático son indecisas y dadas al temor. También el señor Sanguíneo —que no tiene ni con mucho la confianza en sí mismo que su modo de ser fanfarrón nos quiere hacer creer— puede tornarse temeroso. Muy pocos son los coléricos que no participan en algo de las tendencias del melancólico o del flemático, de donde se concluye que toda la gente es, temperamentalmente, propensa al temor, algunos más que otros.

2. Experiencias de la infancia.

Tanto los sicólogos como los siquiatras concuerdan en que las necesidades básicas del hombre son el amor, la comprensión y la aceptación. La cosa más significativamente humana que pueden hacer los padres por sus niños —aparte de guiarlos al conocimiento de la salvación que es en Cristo Jesús —es darles el calor y la seguridad de su amor paternal. Esto no excluye la disciplina ni la sujeción a determinadas normas y principios. Es mucho mejor que el niño aprenda ciertas reglas y normas en la cariñosa atmósfera de su hogar que en el cruel mundo de afuera. Pero hay específicamente dos hábitos en los cuales los padres no deben incurrir:

a. *Excesiva protección.* La excesiva protección

de los hijos los hace egocéntricos y temerosos de las cosas que sus padres justamente temen que les ocurra. Los niños aprenden rápidamente a leer nuestras emociones. Sus cuerpos pueden absorber con mucho mayor facilidad las caídas, las quemaduras y los golpes de la vida. En cambio sus emociones no pueden absorber tan fácilmente el espectáculo de ver a sus padres tensos, afligidos o histéricos por estas minúsculas experiencias. La madre timorata que le prohibe a su hijo que juegue al fútbol le hace más daño a su desarrollo emocional, por sus repetidas cantinelas de temor, que el perjuicio que le puede significar al muchacho perder un diente o romperse una pierna. Las fracturas se sueldan y los dientes se pueden reemplazar, pero sólo un milagro de Dios puede sanar las heridas del temor en nuestras emociones.

b. *Dominación.* Los padres iracundos y explosivos que dominan la vida de sus hijos o que los critican acremente en cada uno de los fracasos de su vida, les crean a menudo un sentimiento de vacilación, de inseguridad y de temor. Los niños necesitan ser corregidos, pero también necesitan que la corrección sea hecha en el espíritu que corresponde. Al par que señalemos a nuestros hijos sus errores, debemos practicar el arte de señalarles sus triunfos y rasgos positivos, o al menos criticarlos de tal manera que no les quepa la menor duda que son tanto ahora, como antes, el objeto de nuestro amor.

A medida que pasan los años en mi tarea de consejero, más me convenzo que la *desaprobación* es el golpe más devastador que un ser humano puede aplicar a otro. Mientras más nos ama una persona más debemos buscar el área de su vida donde podamos demostrarle nuestra aprobación. Durante una conversación como consejero matrimonial un gigantón de 1 metro 88 centímetros de estatura, me dijo con cierto orgullo:

—¡Pastor, jamás en mi vida le he puesto la mano encima a mi mujer en un arranque de ira!

Al mirar a su timorata mujercita que no pesaría más de 50 kilogramos, supe por la mirada de sus ojos, lo que pensaba:

—Preferiría mil veces que me golpeara físicamente y no que me aporree despiadadamente, como lo hace ahora, con su desaprobación.

El padre que está lleno del Espíritu Santo cuenta con la inspiración que nace de su naturaleza amante y compasiva para darles ánimo a sus hijos y demostrarles su aprobación cuantas veces sea posible. Y debe expresarles su amor aún en el momento de aplicarles un correctivo. Obrar de otra manera con nuestros hijos es lastimar sus emociones con heridas de temor cuyas cicatrices serán indelebles.

3. Una experiencia traumática.

La violación o el intento de violación de un niño deja cicatrices emocionales permanentes que a veces se perpetúan hasta la edad adulta, haciéndolos temeroso del acto matrimonial. Otras experiencias trágicas de la niñez suelen desencadenar estados de temor que duran toda la vida.

Durante los últimos años hemos disfrutado, con toda la familia, del hermoso deporte de esquiar sobre el agua. El único miembro de la familia que no lo practicaba era mi esposa, pues

le tiene terror al agua. Le rogaba, la alentaba y
hacía cuanto era posible para entusiasmarla,
para quitarle el miedo, pero todo era inútil. El
verano pasado decidí no insistir más. Mi esposa,
en un esfuerzo hercúleo para vencer su temor
se caló un traje de baño especial que le permitía
flotar en el agua sin hundirse. Encima de eso se
colocó un salvavidas que por sí solo la mantenía
a flote, y con grandes vacilaciones bajó del bote
al agua. En el instante en que su mano abando-
nó la seguridad de la embarcación y empezó a
flotar libremente en la superficie, leí en sus ojos
èl terror que la dominaba. Por primera vez me
di cuenta en toda su magnitud cuánto miedo le
tenía al agua. Al interrogarla luego, descubrí
que en su infancia en Missouri, estuvo a un tris
de ahogarse. Estas experiencias afectan de tal
manera el ámbito emocional de las personas, que
sus efectos duran toda la vida.

4. Esquemas mentales negativos.

Un esquema negativo de elaboración mental o
complejo derrotista puede generar en las personas el temor de hacer cosas nuevas. Si nos
decimos a nosotros mismos: "no puedo, no
puedo, no puedo", es casi seguro que fracasare-
mos. Si las tareas más fáciles nos parecen difíciles de realizar, es debido a nuestra actitud mental que nos hace encarar dichas tareas con un
espíritu negativo. Cuando los fracasos se repi-
ten o nos negamos a ejecutar lo que los demás
son capaces de hacer, el resultado será una nueva
disminución de la confianza en nosotros mismos
y un aumento del temor. Los cristianos jamás
deben dejarse dominar por este hábito negativo.
Si aprendemos de memoria *Filipenses* 4:13 y

buscamos el poder del Espíritu Santo para llevarlo al terreno de los hechos, nos es dable obtener una actitud positiva frente a la vida.

5. Ira

La ira, tal cual lo señalamos en el capítulo anterior, puede producir temor. He hablado con personas que han dado rienda suelta a su amargura y a su ira hasta estallar en invectivas explosivas al grado de admitir que "tengo miedo de lo que pueda hacerle a mi propio hijo".

6. El pecado engendra temor

"Si nuestro corazón no nos reprende, confianza tenemos en Dios" (1 *Juan* 3:21). Este es un principio que no puede ser violado sin provocar temor. Cada vez que pecamos la conciencia nos recuerda nuestra relación con Dios. Esto ha sido interpretado erróneamente por algunos siquiatras que culpan a la religión por crear en la gente complejos de culpabilidad que, a su vez, y según ellos, producen temor. Algunos años atrás nuestro médico de cabecera, que a la sazón no era cristiano, me dijo lo siguiente: "Ustedes los pastores, incluso mi anciano y santo padre, por predicar el Evangelio le hacen un daño irreparable a la vida emocional de la gente". Le pregunté en qué basaba semejante afirmación, a lo que me respondió: "Hice mi período de residencia como médico en un instituto para enfermos mentales, y la abrumadora mayoría de los internados tenían un trasfondo religioso y estaban allí a causa del temor inducido por un complejo de culpabilidad".

Al día siguiente asistí a una reunión de pastores para escuchar al doctor Clyde Narramore, sicólogo cristiano de Los Angeles, que nos habla-

ría sobre la función de los pastores como conse-
jeros. Durante el tiempo previsto para las preguntas, le referí mi conversación del día anterior
con el profesional, y le pedí su opinión. El
doctor Narramore respondió de inmediato: "Eso
no es cierto. ¡La gente sufre de complejos de
culpabilidad porque son culpables!" El resultado del pecado es una conciencia de culpabilidad, y la culpabilidad engendra temor en el hombre moderno tanto como lo hizo con Adán y
Eva en el Huerto de Edén. Para esto hay un
sencillo remedio: "Andad en los caminos del
Señor".

7. Falta de fe.

La falta de fe puede provocar temor, aún en
la vida del cristiano. He comprobado, en mi larga experiencia como consejero, que el temor
motivado por falta de fe está confinado, básicamente, a dos áreas.

La primera de ellas es el temor respecto a los
pecados del pasado. Debido a que el cristiano
ignora lo que enseña la Biblia en relación con la
confesión de pecados, no ha llegado al grado de
creer realmente que Dios le ha limpiado de todo
pecado (1 *Juan* 1:9). Tiempo atrás hablé con
una señora tan mortificada por un período prolongado de temor que la encontré sumergida en
una profunda depresión. Descubrí que su problema básico era la obsesión por un pecado cometido 11 años atrás. Durante todo este tiempo
actuó como una buena cristiana, pero sufrió un
total colapso emocional, perseguida por la idea
de aquel antiguo pecado.

Cuando le pregunté si había confesado aquel
pecado en el nombre del Señor Jesús, me contes-

tó: "Oh, sí, muchas veces". Le prescribí entonces una receta espiritual que consistía en estudiar en la Biblia todos los pasajes y versículos que tratan del perdón de los pecados. Cuando volvió a mi despacho dos semanas después, no era la misma mujer. Por primera vez en su vida comprendió con toda claridad cómo consideraba Dios su pecado pasado, y cuando coincidió con El en que "no le sería tenido en cuenta", pudo vencer su temor.

Un hombre a quien aconsejé y que tenía un problema similar, me dio una respuesta ligeramente distinta cuando le pregunté si había confesado su pecado a Cristo: "Más de mil veces", fue su interesante contestación. Le dije entonces que lo había hecho 999 veces de más. Que en lugar de ello tendría que haberle confesado una sola vez y agradecerle a Dios 999 veces por haberle perdonado ese terrible pecado. La cura para este problema es la Palabra de Dios, porque "La fe es por el oir, y el oir, por la palabra de Dios" (*Ro.* 10:17).

La segunda área en la cual los hombres se asustan por su falta de fe, concierne al futuro. Si el diablo no logra que se preocupen por sus pecados pasados, tratará de preocuparlos por la provisión de Dios para el futuro; de ahí que no puedan disfrutar hoy de las riquezas de la bendición de Dios. Dijo el salmista: "Este es el día que hizo Jehová; nos gozaremos y alegraremos en él" (*Sal.* 118:24). La gente que disfruta de la vida no "vive en el mañana" ni se preocupa del pasado; vive el día de hoy.

Todo aquel que piense sobre los problemas y las dificultades que eventualmente pudieran plantearse en el mañana es candidato firme para el temor, a menos que posea una profunda fe en la capacidad de Dios para suplir todas sus necesidades. Mi esposa me dijo un dicho muy bonito que vale la pena repetir: "Satanás trata de aplastar nuestro espíritu haciéndonos llevar los problemas de mañana, cuando sólo contamos con la gracia para hoy".

Si nos preocupamos de mañana es imposible que disfrutemos hoy. Lo interesante de todo esto es que no podemos entregarle a Dios el mañana; solamente podemos entregarle lo que tenemos, y eso únicamente hoy. El doctor Cramer citó un comentario del señor John Watson, en la publicación *Houston Times* que decía:

"¿Qué nos hace la ansiedad? No anula la tristeza de mañana, pero sí la fuerza de hoy. No nos permite escapar del mal, pero no hace insuficientes para hacerle frente cuando viene".[4]

A esta altura estamos en condiciones de hacernos cargo de cuál es la principal causa del temor. Las siete causas del temor, citadas más arriba, no pasan de ser factores contribuyentes. La principal causa del temor es. . .

8. El egoísmo, causa básica del temor.

Aunque nos desagrada mencionar esta fea palabra, no por ello deja de existir. Somos temerosos porque somos egoístas. ¿Por qué tengo miedo? Porque estoy interesado en el yo. ¿Por qué me siento en aprietos cuando me paro frente a un auditorio? Porque no quiero hacer de tonto. ¿Por qué tengo miedo de perder el puesto? Porque temo ser un fracaso ante los ojos de mis familiares al no poder proveer para sus necesidades. Por más excusas que se busquen, todo tipo de temor puede atribuírsele, básicamente, al pecado del egoísmo.

No sea una tortuga

Una mujer cristiana concurrió a un sicólogo y le preguntó: "¿Por qué tengo tanto miedo? El profesional le formuló varias preguntas:

—¿Cuando entra usted a una pieza, tiene la impresión de que todos la están mirando?

—Sí —fue la respuesta.

—¿Tiene con frecuencia la impresión de que se le ve la ropa interior?

—Sí.

Cuando supo que tocaba el piano le preguntó:

—¿Prefiere no ofrecerse voluntariamente para tocar el piano en la iglesia por temor de que haya alguien entre los presentes que toca mejor?

—¿Cómo lo sabe? —preguntó a modo de respuesta.

—¿prefiere no invitar gente a cenar en su casa?

Nuevamente su respuesta fue afirmativa.

A continuación el sicólogo le dijo con toda amabilidad que era una joven muy egoísta.

—Es usted una tortuga. Mete su cabeza dentro de su caparazón y la saca solamente lo necesario para ver. Si alguien se le acerca demasiado, se protege volviendo a esconderse. Esa caparazón se llama egoísmo. Arroje esa caparazón a la basura y comience a pensar en otros y no tanto en usted misma.

La joven volvió a su casa y se metió en su dormitorio bañada en lágrimas. Nunca pensó en ella misma como una egoísta, y se sintió aplastada por la horrible verdad. Afortunadamente, recurrió a Dios, quien gradualmente la curó de ese horrible pecado. Hoy es verdaderamente una "nueva criatura". Invita a sus amigos con toda naturalidad, se ha desprendido totalmente de la vieja "caparazón" y, en consecuencia, disfruta de una vida abundante.

¿Quién quiere ser una ostra?

Una tesis similar la propone el doctor Maltz en su libro *Psycho-Cybernetics* (Sicocibernética): "Una última palabra sobre la prevención y eliminación de los daños emocionales. Si nuestra vida ha de ser una vida creadora, llena de inventiva, debemos estar dispuestos a ser algo vulnerables. Y si es necesario hasta debemos dejarnos lastimar un poco, para hacer realidad esa forma de vida. Mucha gente necesita una piel emocional más gruesa y más dura que la que tienen. Pero si ese cuero o epidermis emocional debe ser duro y correoso, no debe llegar al extremo de ser una caparazón. Confiar, amar, y entregarnos de lleno a una comunicación emocional con los demás, entraña el riesgo de ser lastimados. Si alguna vez se nos lastima podemos hacer una de dos cosas. Podemos construir una gruesa caparazón protectora o tejido cicatrizativo, para impedir que nos lastimen de nuevo, vivir como una ostra y no ser lastimados. O podemos *dar la otra mejilla,* mantenernos vulnerables y vivir creadoramente.

"A las ostras nunca se las *lastima.* Cuentan con una gruesa caparazón que las protege de todo. La ostra vive con un máximo de seguridad, pero jamás crea nada. No puede *ir tras* lo que quiere, debe esperar a que vengan a ella. Las

ostras nunca experimentan las *injurias* provocadas por la comunicación emocional de su medio
ambiente, pero tampoco experimentan sus go-
ces".[5]

Cuando se enfrenta al temor como a un pecado y no como a una excusa ante ciertas normas
de comportamiento, el paciente está en franco
tren de recuperación, siempre y cuando conozca
a Jesucristo y esté dispuesto a someterse a ser
lleno con el Espíritu Santo. Más detalles sobre
la cura del temor se darán en el capítulo "Como
Vencer Nuestras Debilidades por medio de la
Plenitud del Espíritu Santo".

---

1. Joseph Fort Newton, "A Minister's Mail" (La correspondencia
   de un pastor), Reader's Digest Reprint (Octubre de 1964).
2. McMillen, ob. cit., pág. 116.
3. *Ibid.*, pág. 62.
4. Cramer, ob. cit., pág. 28.
5. Maxwell Maltz, *Psycho-Cybernetics,* Copyright Wilshire Book
   Co., págs. 151-152, con permiso.

CAPITULO 10

LA DEPRESION: SU CAUSA Y CURACION

No sería completo un estudio de enfermedades que reconocen como causa la emoción, sin echar un vistazo a la depresión. No hay prácticamente nadie que en algún momento no haya estado deprimido. Durante los dos últimos años hemos tenido el privilegio de hablar en varias iglesias sobre temas relacionados con la vida familiar y noche tras noche conversamos sobre la ira, el temor y la depresión. La víspera de la noche en que corresponde hablar sobre la depresión, hemos adoptado la costumbre de preguntarle al auditorio: "¿Cuántos de ustedes están dispuestos a admitir honestamente que en algún momento de sus vidas han estado deprimidos?" A nuestro entender todas las manos se levantaron, atestiguando que la depresión es una experiencia universal.

El doctor Cramer, cuando se refiere a este tema, afirma lo siguiente: "La depresión emocional es una dolencia ampliamente difundida, por no decir universal. Los graves estados de depresión forman parte de la historia humana desde los días del desaliento de Adán, consecuencia de su expulsión del huerto del Edén. La depresión es una enfermedad emocional que aqueja a muchos de nuestros más encumbrados y fecundos conciudadanos. Abarca un amplio espectro de grupos profesionales, ¡sin que estén exceptuados ni los más avanzados e inteligentes! "[1]

El hecho de estar deprimidos no significa de manera alguna que haya una merma de la inteligencia... Hemos conocido a personas deprimidas entre los iletrados y entre los doctores en filosofía. Tenemos una cierta relación con un matrimonio seriamente deprimido y que están a punto de graduarse, los dos, del doctorado en sicología. ¡Tal vez el hecho de que cada uno de ellos tenga que vivir con un sicólogo y ser el objeto de su permanente análisis, sea suficiente para deprimirlos!

La depresión, según lo define el diccionario de Webster es "un estado de sentirse deprimido... abatimiento de tipo mental... un estado anormal de inactividad y desagradable emoción". ¡Dios nunca quiso que el hombre viviera así! Siempre fue la intención de Dios que el hombre disfrutara de una vida pacífica, contenta y feliz, lo que la Escritura llama una vida "abundante". Ningún cristiano lleno del Espíritu Santo sufrirá jamás las consecuencias de la depresión. Antes de que un creyente lleno del Espíritu Santo pueda caer en la depresión, tiene que contristar al Espíritu por la ira o ahogar al Espíritu por el temor. Antes de pasar revista a las causas específicas de la depresión, analicemos sus elevados costos.

El alto costo de la depresión

Si damos rienda suelta a las emociones humanas negativas, durante un cierto lapso, éstas nos cobrarán un elevadísimo precio. La depresión no es tan sólo un estado emocional, sino el resultado de un particular esquema del pensamiento, que habremos de tratar casi al final de este capítulo. Pero también se cobra su precio. Consideremos los siguientes costos como parte, nada más, del precio que debemos pagar por la depresión, según sea su gravedad y el tiempo de duración.

1. Tristeza y pesimismo.

Cuando una persona está deprimida se siente triste y pesimista. Todo parece negro, y las cosas más fáciles se hacen difíciles. Es de práctica que los deprimidos "hagan una tormenta en un vaso de agua". Y eso, por supuesto, no invita al compañerismo; por consiguiente los amigos se abstienen de alternar con los deprimidos, lo cual los lleva a una mayor depresión. Las personas no buscan el compañerismo de los deprimidos; prefieren a los alegres y festivos. ¿Que eso es egoísmo? Sí, pero de todas maneras es un hecho cierto. El espíritu triste y pesimista del deprimido lo hacen un solitario.

2. Apatía y fatiga.

La apatía y la fatiga es otro de los precios que debe pagar el deprimido. Estas condiciones, al igual que la ira y el temor, entrañan fatigosas emociones. Exige un gran caudal de energías el estar enojado todo el día o permanecer despierto y preocupado toda la noche, y este gasto de energías no le deja al iracundo y al temeroso muchos bríos para gozar de las cosas placenteras de la vida. Pero la depresión es a menudo peor que el temor o la ira, en el sentido de que tiende a neutralizar las naturales ambiciones del hombre. Puesto que un grano de arena semeja una montaña, su actividad habitual es la de decir: "¿de qué vale? "; y con todo pesimismo se apoltrona y no hace nada.

El hombre necesita realizarse con la satisfacción de obras bien ejecutadas. Esta sensación de bienestar que tanto necesita el deprimido, queda anulada por su apatía, que es el enemigo de toda realización; al menos no es la tierra fértil en la cual crecen las semillas de las "metas", los "proyectos" y las "visiones". La Biblia nos dice que "cuando no hay visiones, el pueblo se relaja" (*Pr.* 29:18, versión Biblia de Jerusalén). Y esto es cierto no solamente en el ámbito espiritual sino también en el ámbito mental. Si la gente no tiene por delante una visión o una meta en pos de la cual trabajar, viven mentalmente en un vacío de apatía que mina su vitalidad y energía.

Esta falta de visión explica en gran parte la apatía dominante en la juventud de hoy. Nuestra sociedad los ha superprotegido al grado de impedirles todo desafío. Y ahora tenemos en nuestras manos esta joven generación que crece y que pueden no estar dispuestos a defender a su país contra un maligno enemigo como es el comunismo. La generación más joven necesita hoy en día una mayor motivación que las generaciones pasadas, pero en lugar de ello tienen menos.

Esto nos indica que podemos esperar un aumento en el número de deprimidos. Pero gracias sean dadas a Dios, que es posible obtener una victoria contra la depresión, por medio de Jesucristo nuestro Señor. El aumento siempre creciente de los deprimidos, incrementará el número de almas que tendrán que reconocer la necesidad de un estímulo exterior para ser curados. Este hecho debería avivar la conciencia de los creyentes llenos del Espíritu, ante el hecho de que todos los que los rodean son apáticos, deprimidos, descorazonados, almas sin visión que desesperadamente necesitan de Cristo. Este es el día más fascinante que ha contemplado el mundo en muchas generaciones para vivir una vida llena del Espíritu como demostración de lo que Jesucristo es capaz de hacer por una persona.

3. Hipocondría.

La hipocondría es otro problema que reconoce como causa la depresión. Los deprimidos sufren de dolores generalizados, trastornos gástricos y numerosas dificultades sin causa conocida. Pueden aprender el arte de sentirse enfermos para disculpar su apatía. Y algunas personas recurren al pretexto de estar enfermos como una "muleta" para librarse de tareas que consideran desagradables. Por supuesto que no lo llaman pretexto y ni siquiera piensan en esos términos; para ellos es algo real, pero habitualmente innecesario.

Por un caso que trató un médico amigo recientemente, podremos comprobar la capacidad de la mente humana para provocar dolor físico. El ha utilizado la hipnosis en su práctica médica para atender partos, calmar los nervios, controlar las dietas, aliviar la tensión resultante de experiencias traumáticas y muchas otras dolencias. Un jugador de golf fue a su consultorio "para curar su codo por hipnotismo". Al parecer padecía de la "experiencia traumática" de perder un partido por el campeonato de golf por golpear excesivamente en el noveno hoyo. Cuando llegó al hoyo 18, pensó de nuevo en el dolor y le pareció que el codo le dolía. Nuevamente se excedió en el golpe. Desde entonces le duele el codo cada vez que toma un palo de golf, particularmente cuando llega a los hoyos nueve y dieciocho. Valiéndose de la sugestión hipnótica, el médico logró eliminar de su paciente ese "terrible dolor".

Por este mismo mecanismo los achaques y dolores pueden esclavizar a un deprimido cada vez que piensa en una tarea o experiencia desagradable. Millones de dólares e incontables sufrimientos humanos es el precio que se paga por esta enfermedad hipocondriaca inducida por la depresión.

Todo lo que digamos es poco sobre la necesidad de una saludable actitud mental hacia todas las cosas. Recuerdo cuando me consultó una ama de casa que "odiaba los quehaceres domésticos". Amaba a su hogar, a sus hijos y a su esposo, pero, según su propio testimonio, "odio lavar los platos y me fastidia que mi esposo se niega a comprarme un lavaplatos". Se había autoerigido en mártir cada vez que se paraba frente al fregadero de la cocina. ¿Cuál era el problema? Lo que la enfermaba era su actitud hacia lavar los platos. Por eso era una tarea desagradable, aburrida, agotadora, que estuvo a punto de destruir todas las otras ventajas y beneficios de que gozaba y que ella pasaba por alto. Olvidaba su hermoso hogar, sus muebles, su fiel esposo y saludables niños, y fijaba su atención en un tonto capricho a través del poderoso lente de aumento de su interés egoísta. Todo aquel que aplica esta fórmula, llega inexorablemente a la depresión.

En realidad, un cierto grado de tensión al encarar una tarea difícil, o que nos imaginamos difícil, es saludable siempre que se acompañe de una acción mental positiva hacia dicha tarea. El doctor McMillen lo explica así: "Recuerdo muchas ocasiones en que me vi forzado a efectuar visitas domiciliarias a mis pacientes, cuando no me sentía bien. Descubrí que la tensión producida por hacer el viaje en esas condiciones muchas veces me curó de mis achaques y dolores. De haber ido mal predispuesto y en un espíritu de antagonismo, es probable que diera con mis huesos en una cama del hospital por una semana. ¿No es acaso notable el hecho de que serán nuestras reacciones a la tensión las que determinen si esa tensión nos curará o nos enfermará? Y esta es una importante clave que nos dirá cómo prolongar la vida y hacerla más feliz. Y esa clave la manejamos nosotros, y nos toca a nosotros decidir si la tensión ha de obrar en favor o en contra nuestra. En última instancia será nuestra actitud la que decida si la tensión nos hará mejores o peores".[2]

4. Pérdida de la productividad.

Es fácil comprender que si la depresión lleva a la apatía, lleva también, en consecuencia, a la pérdida de la productividad. Más de un genio o personas talentosas ignoran sus verdaderas potencialidades, debido a esa apatía inducida por la depresión. Y la pérdida no se reduce solamente al ámbito de su vida terrenal sino que se proyecta a la vida venidera. (Ver 1 *Corintios* 3:10-15). Justamente esto es lo que señaló la parábola del Señor Jesús en *Mateo* 25:14-30. Describió su retorno como una ocasión en que sus siervos tendrían que rendir cuentas y llamó seriamente la atención de uno de ellos por ser un "siervo malo y negligente". Ni asesinó ni cometió adulterio; se redujo a no hacer nada con el talento que el Señor le dio. Algunos cristianos perderán sus recompensas en esta vida y en la vida venidera porque no están haciendo nada con los talentos que el Señor les entregó.

La apatía engendra apatía de la misma manera que la depresión engendra depresión. Los cristianos serán propensos a la depresión y a la apatía si sus vidas no se entregan a la obra de Cristo. Si repetidamente nos beneficiamos de la Palabra de Dios sin compartir sus riquezas con otros, es casi seguro que caeremos en una apatía depresiva. Hace poco tiempo un joven cristiano portador durante casi toda su vida de un problema depresivo, nos expresó: "¡ El viernes pasado me sentí maravillosamente bien! " Tuve la oportunidad de testificar de mi fe a un compañero de trabajo". El testificar de nuestra fe a otros tiene un efecto maravillosamente terapéutico.

5. Irritabilidad.

La persona deprimida tiende a ser irritable. Le irrita comprobar que otros están de excelente talante mientras él anda cabizbajo y meditabundo. También le irrita ciertas insignificancias que de no estar deprimido carecerían totalmente de importancia.

6. Ensimismamiento.

Los casos graves de depresión llevan al ensimismamiento. El individuo tiende a escapar de las desagradables realidades de la vida, a soñar despierto sobre su magnífica infancia (que a esta altura puede no ser otra cosa que una ficción de su frondosa imaginación) o a edificar castillos en el aire sobre su futuro. Esto es algo muy natural ya que el enfrentarse con el presente resulta sumamente depresivo. Sin embargo, el soñar despierto es un serio impedimento para una elaboración mental efectiva, y sumamente perjudicial para la salud mental. Lleva a la incomunicación y al aislamiento.

Causas de la depresión

Ya que la depresión es una experiencia universal, vale la pena tomarnos el tiempo necesario para investigar y examinar cuáles son las principales causas que la generan.

1. Tendencias temperamentales.

Si bien la depresión es común a todos los tipos temperamentales, ninguno de ellos es tan vulnerable a este problema como el temperamento melancólico. El señor Melancólico puede caer, más que ningún otro, en prolongados y profundos períodos depresivos. El señor Sanguíneo puede padecerlos por breves lapsos, pero no siendo, por su temperamento, tan susceptible a su medio ambiente, mejora no bien mejoran las circunstancias ambientales. Así, por ejemplo, la llegada a su casa de un amigo jovial y jacarandoso puede cambiar su talante depresivo en uno de alegría.

El señor Colérico, eterno optimista, mira con supremo desdén a la depresión por la inútil apatía resultante, por lo cual rara vez es un esclavo de la misma. No se preocupa excesivamente de sí mismo, pero tiene metas y planes a largo alcance que ocupan plenamente su mente en el campo de la productividad, y que no son, por supuesto, depresivo generadoras. Es probable que al señor Flemático le corresponda el segundo lugar entre los cuatro temperamentos, en la frecuencia de las tendencias depresivas, pero con períodos no tan frecuentes ni tan profundos como el melancólico debido, principalmente, a su naturaleza jovial y a su sentido del humor. Pero debemos tener muy en cuenta que nuestra personalidad no está formada por un solo temperamento en bloque; según esta premisa, si la persona es predominantemente flemática pero con algunos rasgos melancólicos, es vulnerable a la depresión. También puede caer en la depresión si se combina lo colérico con lo melancólico. De ahí que sea imperativo que comprendamos en toda su magnitud el carácter universal de la depresión.

Tres son las razones por las cuales el señor Melancólico es más propenso a la depresión que los otros.

a. Su mayor debilidad es su egocentrismo. Todo en su vida gira alrededor de su yo. Gasta mucho de su tiempo autoexaminándose. El

doctor D. Martyn Lloyd-Jones dice lo siguiente:
"El problema fundamental de esta gente es que
no sabe trazar la línea divisoria entre el autoexamen y la introspección. Todos coincidimos
en que la práctica de autoexaminarnos es una
práctica saludable, pero también estamos con-
testes en que es perjudicial la introspección y
la morbosidad. ¿Pero cuál es la diferencia entre
examinarnos a nosotros mismos y ser intros-
pectivos? Sugiero que la línea divisoria entre
el autoexamen y la introspección se establece
cuando, en cierta medida, no hacemos otra cosa
que examinarnos y cuando el autoexamen se
transforma en el principal fin de nuestra vida".[3]

Esencialmente, por lo tanto, la diferencia
radica en que el autoexamen es aconsejable
cuando da por resultado actuar según lo que
hayamos descubierto. El autoexamen por sí
mismo es una introspección, y la introspección
lleva a la depresión.

b. El señor Melancólico es un perfeccionista;
de ahí que le resulte fácil criticar a los demás
tanto como a sí mismo. Nadie se aflige tanto
por su trabajo como el señor Melancólico. Y
nada le significa que su tarea la ejecute muchí-
simo mejor que los demás tipos temperamentales. Le molesta sobremanera no alcanzar la
altura de la suprema norma de perfección que se
ha fijado y se siente deprimido por lo que considera un fracaso.

Según nos informan los sicólogos, el melancólico es excesivamente concienzudo. El doctor
Cramer lo expresa de la siguiente manera: "El
depresivo toma la vida demasiado en serio.
Se reduce a un mínimo de intereses, desarrolla

una meticulosa devoción hacia el deber, y se preocupa de los más pequeños e insignificantes detalles. A estas cualidades se suma un fuerte impulso por lograr el más alto grado de perfección y excelencia. El deprimido puede despachar una cantidad asombrosa de trabajo y asumir enormes responsabilidades. Lo puede hacer porque se exige a sí mismo en forma despiadada. Es un negrero para obtener resultados; se jacta de sus logros y se enorgullece de que su trabajo no admite parangón, de que nadie lo podrá reemplazar, de que sus esfuerzos son indispensables; sus ansias de poder y de control, su falta de consideración por los sentimientos de los demás, hacen que sea casi imposible llevarse bien con él".[4] Por lo tanto, aun cuando logre alcanzar su nivel de perfeccionismo, puede tornarse desagradable, odioso e insensible lo cual lo lleva a paroxismos depresivos.

c. El perfeccionista tiende a ser irrealista, tanto hacia sí mismo como con respecto a los demás. Le resulta difícil adaptarse a las exigencias que se le demandan en el curso de la vida. Por ejemplo, una persona muy activa en la iglesia —que es maestra en la escuela dominical, que dirige grupos juveniles y participa en el programa de visitación— puede no darse cuenta de que los deberes en su hogar también exigen que los atienda. Por cierto que la responsabilidad del servicio cristiano en la iglesia es mayor para la persona soltera o para las parejas jóvenes sin hijos todavía, que para una joven madre con tres criaturitas. Claro está que las responsabilidades del hogar no deben servir de excusa para desatender a la iglesia, pero la reducción de *algunas* actividades cristianas no deben ser causa para que la señora Melancólica sienta que está abandonando su servicio espiritual o que es un éxito como madre, pero un fracaso como cristiana. La verdad de este asunto es que no será un éxito como cristiana en tanto no lo sea como madre.

Las personas que tienen cubierto todo su tiempo deberán descuidar a su familia o renunciar a ciertas responsabilidades (lo cual le crea un sentimiento de culpabilidad al perfeccionista) cuando se hace cargo de otras obligaciones. Feliz del hombre que es consciente de sus limitaciones y rehúsa nuevas responsabilidades a menos que pueda terminar las que ya tiene entre manos. Es preferible hacer bien algunas pocas cosas que hacer muchas y mal. Y esto es particularmente cierto para las personas concienzudas con tendencias perfeccionistas, pues a menos que hagan lo mejor nunca estarán satisfechos de sus logros. La insatisfacción por la tarea realizada lleva muchas veces a la depresión.

2. La hipocresía lleva a la depresión.

El cristiano común que asiste a una iglesia que tiene como norte a la Biblia, pronto aprende las pautas de la vida cristiana. Si él ataca sus debilidades en lo externo y superficial en lugar de hacerlo bajo el control del Espíritu Santo que obra en su interior, puede caer en la depresión. Supongamos a un hombre resentido, amargo y hostil. A poco andar percibe que no está a la altura espiritual propia de un cristiano. A menos que maneje este asunto sobre las bases de una relación personal con

Dios, tratará de resolverlo a su manera, procurando controlarlo con los medios de que dispone. Pero todo intento de controlar la ira con la fuerza de nuestra voluntad no sólo es inútil, sino que repercutirá en alguna otra parte del cuerpo, en forma de hipertensión sanguínea, cardiopatías, úlceras, colitis, o una legión de otras dolencias, o en manifestaciones tardías. Y la frustración que sigue a una reacción iracunda, lleva a la depresión. Un eficaz método terapéutico para resolver estos problemas lo veremos en, detalle en el próximo capítulo. Basta por ahora saber que debe surgir de adentro, por el poder del Espíritu Santo.

3.   Problemas físicos.

Los problemas físicos pueden desencadenar una depresión. Cuando las personas están débiles magnifican las más insignificantes dolencias. Esto puede evitarse, cuando se refiere a las debilidades orgánicas, recurriendo al principio establecido por el apóstol Pablo en 2 *Corintios* 12: 9-10: "Cuando soy débil, entonces soy fuerte". Pablo sabía muy bien que la gracia de Dios es suficiente para un cristiano después de soportar las alternativas de una grave enfermedad o en cualquier otra circunstancia de su experiencia cristiana.

He observado a individuos deprimidos por carencia mineral o vitamínica. Tenemos entendido que la vitamina B es la vitamina para los nervios, la total carencia de la cual produce nerviosismo que, a su vez, engendra frustración y depresión. Parece también que algunas mujeres acusan una deficiencia hormonal durante la menopausia, y esta deficiencia produce la depresión. Antes de atribuir la depresión a motivos espirituales, es preciso consultar con el médico; pero lo corriente es que la gente atribuya su depresión a causas físicas y no a causas emocionales o espirituales.

4. El diablo.

La mayoría de los estudiosos de la Biblia nos recuerdan que el diablo puede oprimir a un cristiano aun cuando no more en él ni lo domine. Y es un hecho cierto que algunos cristianos han sido, aparentemente, deprimidos por el diablo. Personalmente no comparto esta opinión, porque la Biblia nos dice: "mayor es el que está en vosotros, que el que está en el mundo" (1 *Juan* 4:4). Por lo tanto, si a un cristiano lo deprime el diablo es porque no "permanece en Cristo" o no está "lleno con el Espíritu Santo". Ya hemos visto las nueve características de la vida llena del Espíritu Santo. No veo que haya lugar a la depresión inducida por el diablo en un cristiano lleno del Espíritu Santo. Pero hay que tener en cuenta que no todos los cristianos están llenos del Espíritu. Debemos ajustarnos a las condiciones esbozadas en ese capítulo y andar en el Espíritu para evitar que el diablo nos deprima.

5. Rebelión e incredulidad.

El *Salmo* 78 dice de qué manera Israel limitó la acción de Dios, por medio de la incredulidad. Y esa limitación, al rebelarse y no confiar en Dios en esas circunstancias, los deprimió. Las palabras "rebelión" e "incredulidad" son uti-

lizadas como sinónimos, en este caso, porque la
incredulidad lleva a la rebelión y la rebelión a la
incredulidad. Si el hombre conociera realmente
a Dios, tal cual es, creería en El implícitamente.
Pero debido a que su fe es tan débil, tiende a
rebelarse cuando el Señor lo somete a pruebas o
lo quiere dirigir, y la rebelión y la incredulidad
llevan a la depresión.

Algunos años atrás vino a verme en busca
de consejo una excelente obrera cristiana. Se
encontraba hundida en el profundo abismo de
la apatía provocada por la depresión. Al con-
versar con ella descubrí su hostilidad hacia
mucha gente y una actitud de amargura y rebelión hacia Dios. Me pareció que un amigo, de
buenas intenciones pero de mala preparación,
la convenció de reunirse en un servicio de sani-
dad, para ser "curada" de una enfermedad que
padeció durante toda su vida. La reunión se
llevó a cabo y fue declarada "sana". De inmediato descartó las medicinas recetadas por los
médicos y comentó con todo el mundo la maravillosa obra de Dios.

Por algún tiempo no sintió efectos perjudicia-
les al haber suspendido los medicamentos, pero
súbitamente y sin previo aviso, se sintió aprisio-
nada en el gigantesco torniquete de su larga enfermedad. Volvió a su médico, volvió a tomar
los medicamentos, y se solucionó el problema.
Sin embargo nada se ha inventado hasta la fecha
para solucionar el problema de la rebelión (aparte de reconocerla como un horrible pecado y
pedirle a Dios que la elimine). En el curso de
nuestra conversación reconoció que estaba eno-
jada con Dios porque no la curó en la forma

en que ella quería que lo hiciese. No había orado según la voluntad de Dios; en cambio, oró de acuerdo a su propia voluntad, exigiéndole a Dios que contestara la oración tal cual ello lo prescribía. Y porque Dios no lo hizo así, se volvió contra él en incredulidad y rebelión. Y en su frustración se tornó progresivamente depresiva y apática. Se negó a reconocer su pecado de rebelión y se empecinó en recetar su propio tratamiento para curar "la enfermedad de toda una vida". Es obvio que no se daba cuenta que la rebelión era un problema mucho más grave que su enfermedad, y de que Dios utilizaba su enfermedad para ayudarla a comprender su pecado.

En lugar de arrepentirse de su pecado por el simple método que he recetado y buscar la gracia de Dios para vivir con su enfermedad (1 *Corintios* 12:9). persistió en su rebelión. Hoy se encuentra internada en un instituto de enfermedades mentales porque su depresión es tan grave que ha perdido todo contacto con la realidad. Este es un caso poco común, pero de cualquier manera ilustra la tesis de que la rebelión lleva a la depresión.

6. Relajamiento sicológico.

Siempre que se termina la ejecución de un importante proyecto, se instala una natural relajación sicológica. Los individuos de gran energía y capacidad creadora pueden sentirse felices y contentos mientras se afanan en la prosecución de una meta de largo alcance. Pero una vez alcanzada la meta, les sigue con frecuencia un período depresivo porque la persona no ha podido montar otro proyecto que reemplace al que concluyó. Esto podría explicar la razón por la cual algunos pastores hacen abandono de su iglesia seis meses después de haber terminado un programa de construcción. Al mirar hacia atrás a mi propia vida reconozco que las únicas veces que me sentí inquieto y con deseos de echarme atrás, creyendo que mi ministerio en la iglesia debía tocar a su fin, fueron las veces en que concluímos un importante programa de construcción. Ignoraba entonces que es la reacción natural ante la terminación de un proyecto de largo alcance. No bien surgían nuevos proyectos y más elevadas metas para reemplazar a lo anterior, desaparecía la depresión.

Elías, el gran profeta, pasó por una experiencia similar luego de invocar fuego del cielo y de matar a 450 profetas de Baal. ". . .se sentó debajo de un enebro; y deseando morirse, dijo: Basta ya, oh Jehová, quítame la vida, pues no soy yo mejor que mis padres" (1 *Reyes* 19:4). Este talentoso profeta, extraordinariamente fiel a Dios, poseía fuertes tendencias melancólicas, pero debido a su fidelidad a Dios, ansiaba alcanzar mayores niveles de servicio pues tenía su mira puesta en los supremos intereses de su Maestro.

7. La compasión de uno mismo: principal causa de la depresión.

Por importantes que sean los factores arriba mencionados, no son los principales causantes de la depresión. Las más de las veces no pasan de ser excusas que se esgrimen para disculpar

la depresión, en lugar de recurrir al Dios Todo-
poderoso en busca de su maravillosa curación.
Lo real de todo esto es que las personas se depri-
men solamente después de entregarse al pecado
de la compasión de sí mismas. He interrogado
a centenares de personas deprimidas y todavía
no he hallado un solo caso que sea una excepción de esta regla. Algunos negaron al comienzo
que la causa desencadenante fuera la lástima
que sienten por ellos mismos, pero luego de un
cuidadoso interrogatorio admitieron que su elaboración mental, previo al período depresivo,
fue de esa naturaleza.

El doctor McMillen señala las numerosas enfermedades provocadas por las emociones del
celo, la envidia, el egocentrismo, la ambición,
la frustración, la rabia, el resentimiento y el
odio. Luego afirma: "Estas emociones desen-
cadenantes de enfermedades, tienen por objeto
proteger o mimar al ego, y pueden resumirse
bajo un solo título: *egocentrismo*".[4] Más adelante dice: "Este rumiar crónico por las penas
o por injurias recibidas indica una deficiente
adaptación, que puede desembocar en cualquier
condición, desde la inquietud a la demencia.
Y la forma más común de reacción deficiente
es la *compasión de uno mismo*".[5]

Es tan sutil este pecado que muchas veces
no lo reconocemos por lo que realmente es.
Durante una serie de reuniones en una iglesia
varios años atrás, una encantadora señora de
alrededor de 70 años de edad, me consultó
sobre su problema de "depresión". Esta señora
parecía ser una cristiana madura, con una mente
talentosa y muchos años de experiencia ense-

ñando en la clase bíblica para adultos. Pastores de otras iglesias le habían dicho que ella era la mejor maestra de la Biblia a nivel de iglesias locales, y me pareció que realmente había captado las profundidades de la Palabra de Dios.

Al principio no sabía cómo hacer para revelarle su pecado de compasión de sí misma, y le pedí secretamente a Dios me concediera una especial percepción mientras hablaba. A poco andar le pregunté si disfrutaba de su iglesia y su respuesta me indicó a las claras que había dado en el clavo, pues me dijo: "¡Aquí nadie me aprecia! No son gente muy amigable. Casi todos son jóvenes matrimonios que ignoran olímpicamente a una viuda como yo. Por lo que a ellos respecta, yo podría no venir más a esta iglesia y no me echarían de menos. No me necesitan aquí; hay domingos que vengo y me voy sin que nadie me dirija la palabra".

¡Ahí lo tienen! Depresión causada por la compasión de sí misma. Solamente cuando le llamé la atención sobre lo que acababa de decir, pude convencerla de que se había entregado al pecado de la compasión de sí misma, que desencadenó su depresión. Seríamos los primeros en reconocer que el condolernos es algo natural. Pero la Biblia nos enseña que el hombre natural no debe necesariamente dominarnos, pues hemos de "andar en el Espíritu" (*Gá.* 5:16).

Un día fui a visitar a un pastor amigo mío y a su esposa. Mientras saboreábamos una taza de té sonó el teléfono y el pastor se levantó a contestar. No bien se alejó lo suficiente como para no oírnos, su esposa me dijo:

–Quisiera hacerle una pregunta. ¿Por qué
padezco más prolongados períodos depresivos
ahora que cuando empezamos el ministerio?
Nos va bien con nuestro trabajo, Dios nos está
bendiciendo, tenemos suficiente para vivir y,
a pesar de todo ello, atravieso períodos depresivos más prolongados que cuando nuestros problemas eran mucho mayores.

No queriendo arruinar una vieja y querida
amistad, le pregunté un poco de mala gana:

–¿Realmente quiere saberlo?

–Sí –me contestó.

–Lo que tengo que decirle no es nada lindo;
más bien es horrible –le dije.

Pero ella insistió:

–No me importa lo que sea, quiero saber la
causa. Lo más amablemente que pude le infor-
mé que ella había incurrido en el pecado de
compadecerse de sí misma. Nunca olvidaré
la mirada de increíble asombro que se dibujó en
su rostro. No creo que hubiera logrado una
reacción más espontánea si la hubiera abofetea-
do. Afortunadamente recordé nuestra conversación previa esa tarde y pude ilustrarla.

Me había dicho cuán disgustada estaba con
el presidente de la comisión de educación cristiana. La señora había elaborado un proyecto
largamente acariciado que, de ser aprobado,
hubiera ayudado a los jóvenes en el ministerio
de la iglesia. Lo elevó a la comisión de misiones
porque tenía que ver con los futuros misioneros
voluntarios. De ahí lo pasaron a los síndicos
para considerar el aspecto financiero. Los síndicos lo pasaron a la junta de diáconos porque
tenía relación con la vida espiritual de la iglesia.

Luego pasó a consideración de la junta consultiva, compuesta por todos los miembros electos de la congregación, y finalmente recibió el voto unánime de la iglesia. Todo el mundo estaba feliz y alegre y disfrutaron orando anticipadamente a Dios, pidiéndole que usara este programa en el futuro para estimular a muchos de los jóvenes a la acción misionera.

¡Fue entonces cuando ocurrió! El presidente de la comisión de educación cristiana se aproximó a mi amiga y con un tono de acerba crítica le espetó: "¡Quisiera saber por qué usted y su esposo siempre pasan por alto a la comisión de educación cristiana! Es obvio que ustedes consideran que nuestra comisión no es una parte necesaria de esta iglesia. Creo que voy a renunciar". Por primera vez la esposa del pastor se dio cuenta que inadvertidamente pasó por alto a esa comisión. Todo eso me dio la ocasión para conjeturar sobre su esquema pensante y le dije: "Sin duda esa noche volvió usted de la reunión de oración y se le cruzaron por la mente pensamientos tales como estos: "¿quién se cree que es que se atreve a criticar un proyecto que ha merecido el voto unánime de la iglesia? Soy yo la que va a ejecutar el grueso del trabajo. Su actitud es un grano de arena más a la pesada carga que debo soportar, ¿y acaso alguien me lo agradece? Este hombre está más preocupado por la insignificancia de que no se lo consultó que por el progreso de la obra del Señor". Seguramente al día siguiente incurrió en similares pensamientos de condolencia de usted misma, y hoy está recogiendo la cosecha de la planta de lástima de sí misma que sembró; de la misma manera que el sol sale tras la lluvia, la depresión se instala tras la condolencia que uno se tiene a sí mismo. El doctor Maxwell Maltz afirmó lo siguiente: "Nadie puede negar que hay una perversa satisfacción en sentir lástima por uno mismo".[6] La Biblia nos dice: "Todo lo que el hombre sembrare, eso también segará" (*Gá.* 6:20). Toda vez que una persona siembra las semillas de la compasión de sí misma, cosecha sus resultados que son la depresión.

En este aspecto, uno de los casos mejor conocidos de autodiagnóstico apareció en la sección deportiva del *San Diego Union.* Un famoso entrenador de fútbol de la Liga Nacional de Fútbol, que anteriormente fuera un habilísimo zaguero, electrizó al mundo deportivo al renunciar súbitamente. Contaba con un buen equipo y un brillante zaguero, y esperaba ganar el campeonato de la Liga Nacional de Fútbol. Pero algo andaba mal porque el equipo ganaba los encuentros difíciles y perdía algunos de los más fáciles. No bien renunció se aisló completamente, y solamente ante la insistencia de los directivos del equipo, unida a la de los jugadores y de sus colegas los entrenadores, reconsideró su decisión. Más tarde, al ser entrevistado por amables periodistas, se refirió a ese asunto: "Lo que decidí al final —no renunciar— es lo que debí hacer al principio. Nunca en mi vida he sido un renunciante, pero es eso exactamente lo que estaba haciendo: renunciar. No razoné bien. No sé exactamente lo que me ocurrió. No pensé correctamente". Cuando le preguntaron qué lo hizo decidir volver al equipo de fútbol, contestó:

"Cuando dejé de sentir lástima de mí mismo y recuperé mis facultades. Por eso me llaman *cabeza dura;* tengo que aprender de una manera dura".

Feliz el hombre que, como este entrenador de fútbol, puede enfrentarse a la debilidad de la compasión de sí mismo y diagnosticarla como causa de su depresión. En ese instante se ha ganado la mitad de la batalla. En el momento de comprender que tal actitud produce la depresión, y de que es un pecado, todo lo que tenemos que hacer es recurrir a Dios y ponernos en sus manos para ser curados. La cura para la compasión de uno mismo es idéntica a la cura para el temor y para la ira, o para cualquier otra debilidad humana, y será tratada en detalle en el próximo capítulo.

---

1. Cramer, ob. cit., pág. 35.
2. McMillen, ob. cit., pág. 111.
3. D. Martyn Lloyd-Jones, *Spiritual Depression – Its Causes and Cure,* Copyright Pickering and Inglis Ltda., pág. 17.
4. McMillen, ob. cit., pág. 65.
5. *Ibid.,* pág. 110.
6. Maltz, ob. cit., pág. 148.

CAPITULO 11

COMO SUPERAR NUESTRAS DEBILIDADES

Usò de los temperamentos ventajosamente

El principal propósito que nos ha movido a realizar este estudio sobre los temperamentos, es el de examinar tanto nuestras fuerzas como nuestras debilidades y acudir al Espíritu Santo para que él nos llene y nos dé el vigor necesario que nos permita superar nuestras debilidades. La persona madura, según la definió el doctor Henry Brandt es la persona "lo suficientemente objetiva para analizar sus fuerzas y sus debilidades y capaz de elaborar un programa para superar dichas debilidades". Con la ayuda de este estudio sobre los temperamentos cada uno podrá examinar sus fuerzas y sus debilidades y podrá elaborar, así lo esperamos, un planificado programa para vencer sus debilidades.

Si examinamos detenidamente la clasificación en cuatro temperamentos, y nos analizamos objetivamente, podremos determinar a qué tipo pertenecemos. Nadie pertenece a un solo tipo temperamental. Hay predominio de un tipo, con rasgos de uno o más de los otros. Una vez determinado el temperamento predominante, anotemos nuestras fuerzas y debilidades. Dios no pretende destruir nuestros rasgos naturales. Pretende que Cristo sea glorificado en cada una de las áreas de nuestra vida, dentro del marco de nuestra propia responsabilidad. Es posible que hayamos descuidado ciertas y determinadas fuerzas naturales y utilizado otras exageradamente, haciendo que nuestras acciones sean en realidad "obras de la carne".

Un examen honesto de nuestras debilidades será sumamente beneficioso al señalar las áreas de nuestra vida que necesitan del ungimiento del Espíritu Santo. Recordemos un factor importante: si somos cristianos, ¡no estamos obligados a ser esclavos de nuestras naturales debilidades! "A Dios gracias, el cual nos lleva siempre en triunfo en Cristo Jesús. . ." (2 *Co.* 2:14).

Dios, en su sabia providencia, nos ha creado a cada uno de nosotros por "su voluntad" (*Ap.* 4:11); por lo tanto ningún hombre tiene el derecho de despreciar su temperamento, y debe reconocer que, como obra de sus manos, somos "formidables y maravillosos" (*Sal.* 139:14) y que Dios utiliza los temperamentos naturales del hombre cuando está lleno con su Espíritu. Dios nos ha hecho con un propósito específico; por el poder divino podemos ser los vasos perfeccionados que Dios quiere que seamos.

En base al estudio de los temperamentos, debemos determinar a cuál de ellos pertenecemos; luego debemos confeccionar una lista de nuestras naturales debilidades y finalmente buscar el henchimiento del Espíritu Santo para superarlas.

Después de escuchar una serie de mensajes

sobre el tema de los temperamentos controlados por el Espíritu, un cristiano, empleado de comercio hizo un prolijo estudio cuyas conclusiones aparecen en el cuadro que insertamos a continuación. Si bien no suscribo su método de análisis, creo que su autocrítica fue tan exhaustiva que bien vale la pena reproducirla. Cabe la posibilidad de que no haya diagnosticado correctamente la graduación de su temperamento, porque según su análisis era un 45 por ciento sanguíneo, 35 por ciento colérico, 10 por ciento melancólico y 10 por ciento flemático. Realmente me pareció una agradable combinación de sanguíneo y colérico. En caso de utilizar este método, sugiero la categoría adicional de "fuerzas requeridas".

SANGUINEO	COLERICO

TENDENCIAS

Gozoso	No se descorazona
Optimista	fácilmente
Amigable	Optimista
	Líder
	Jugador en equipo
	Decidido
	Aventurero

DEBILI-

Inquieto	Impetuoso
Carácter débil	Falto de misericordia
Grandes comienzos	Duro
Pobres finales	
Acciona impulsado por	
los sentimientos	

DEBILIDADES

Lujuria	Impaciente
Falta de dirección	

RESULTADOS NEGATI-

Problemas financieros	Decisiones apresuradas
Propenso a las demoras	Excesivamente estricto
Incapaz de dedicarse a	con los niños
una tarea por un cierto	Se fija pautas demasiado
período de tiempo	elevadas
Pierde tiempo hablando	Se acredita como cosa
Comienza muchos pro-	propia lo que hace Dios
yectos	Poco amable
Se distrae con facilidad	Siempre dispuesto
Impaciente con los me-	Discutidor
lancólicos	
Dedica demasiado tiempo	
a cosas intrascendentes	
Estudiante mediocre	
Nervioso por los soni-	
dos, etc.	
Reacción instantánea a	
las circunstancias inme-	
diatas	

MELANCOLICO	FLEMATICO

VIGOROSAS

Amigo fiel	Excelente bajo presión
Se sacrifica por los	Ingenioso
demás	Disfruta del buen
	humor

DADES

Crítico	Bromista
Malhumorado	Indiferente
	Perezoso

ESPIRITUALES

Crítico

VOS DE LO ANTERIOR

Ocupa horario de su tra-	Lastima a la gente con
bajo para diligencias	chanzas pesadas
particulares	No se disciplina para un
Le toma ojeriza a las	máximo esfuerzo
personas que se ponen	
en su camino o tienen	
distintos puntos de vista	
Espera demasiado de los	
niños	
Entremetido	

El egoísmo: causa de las debilidades humanas

El siguiente cuadro identifica de una forma más sencilla las naturales debilidades de cada temperamento.

Como ya lo hemos señalado, los temperamentos sanguíneo y colérico son extrovertidos y su problema predominante es la iracundia. Los temperamentos melancólico y flemático tienden a ser introvertidos y su principal problema es el temor. El cuadro muestra claramente como estos dos —y en realidad todas las debilidades básicas del hombre— nacen del egoísmo. Los intere-

EXTROVERTIDO

SANGUINEO

Carácter débil
Inquieto
Egoísta
Emocionalmente
inestable

COLERICO

Autosuficiente
Impetuoso
Cruel
Genio vivo

Ira

Egoís-

ses egoístas del hombre lo hacen inquieto, débil de carácter, arrebatado, impetuoso, egocéntrico, perezoso, crítico, temeroso o deprimido. El egoísmo fue el pecado original de Satanás (*Isaías* 14), de Adán y Eva (*Génesis* 3) y de Caín. La historia nos revela la inhumanidad del hombre para con el hombre, provocado por el egoísmo. El egoísmo es el principal responsable de todas las angustias y desdichas habidas desde el comienzo de los tiempos hasta el siglo XX. El egotismo, el egocentrismo, el engreimiento y la elevada opinión de sí mismo son otros vocablos que se usan para describirlo, pero no para limitar el

INTROVERTIDO

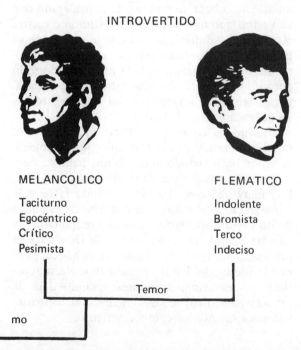

MELANCOLICO

Taciturno
Egocéntrico
Crítico
Pesimista

FLEMATICO

Indolente
Bromista
Terco
Indeciso

Temor

mo

hecho de que la debilidad fundamental del hombre es el egoísmo. Y no solamente es cierto del hombre en su relación con Dios, sino también en su relación para con sus congéneres.

Cuando nos fijamos como norma de nuestras vidas los Diez Mandamientos, el hombre generoso los guardará, en tanto el egoísta los quebrantará. Por ejemplo, el hombre que es abnegado para con Dios humildemente obedecerá y le rendirá culto solamente a él; no tomará su nombre en vano, ni se hará imagen de ninguna clase; además guardará el Día del Señor y no lo profanará con propósitos egoístas. Con relación a sus congéneres, el abnegado honrará a su padre y a su madre; no robará, ni será tan desconsiderado con su vecino que quiera dar falso testimonio contra él; cometer adulterio o codiciar lo que es de su propiedad. De todo esto se desprende fácilmente que el corazón egoísta es la raíz de todo pecado. Puede tomar una variedad de formas, pero siguiendo los rastros del mal llegaremos inequívocamente al egoísmo.

Una de las cosas más difíciles que le toca al hombre aprender, es el principio que estableció el Señor Jesús cuando dijo: "El que halla su vida, la perderá; y el que pierde su vida por causa mía, la hallará" (*Mateo* 10:39). Cuando la fe y la consagración del hombre han alcanzado el punto de que está dispuesto a entregar completamente su vida a Jesucristo, el Espíritu de Dios cura su problema del egoísmo. Esta cura es básica, pero por la fuerza del hábito ocasionalmente se repetirán los esquemas anteriores; cuando deja de "morar en Cristo" o de "andar en el Espíritu" volverá a su anterior comportamiento.

El Espíritu Santo es el remedio
de Dios para las debilidades temperamentales

Como ya lo señalamos en el capítulo 6, las
nueve características del hombre lleno del Espíritu suplen el vigor necesario para contrarrestar
cada una de las debilidades temperamentales.
No es la voluntad de Dios que seamos dominados por nuestras debilidades heredadas, sino de
que seamos llenos del Espíritu Santo y de esa
manera poder librarnos de ellas.

, El Espíritu Santo no mora en los seres humanos en forma automática. Todo lo contrario,
mora únicamente en aquellos que han recibido
al Señor Jesucristo por fe como el que los salva
de sus pecados. La Biblia nos dice: "Si alguno
no tiene el Espíritu de Cristo no es de él" (*Ro.*
8:9). En otras palabras, no es un hijo de Dios
si no tiene el Espíritu Santo. Pero si ha con-
fiado en Cristo, Dios le envía al Espíritu Santo
para que habite en su corazón. Quien nunca
haya recibido a Jesucristo como Señor y Salvador, debe antes que nada, humillarse y pedirle
que entre en su vida. La Biblia también nos
dice: "Todo aquel que invocare el nombre del
Señor, será salvo" (*Ro.* 10:13). Si estamos dispuestos a reconocer a Jesucristo como Señor
de nuestra vida, debemos invitarle a que venga o,
como lo dice la Biblia, "invocar el nombre del
Señor". La salvación no exige un largo y tedioso
proceso sino que, por el contrario, es una experiencia instantánea. Jesús se refirió a la salvación
como "nacer de nuevo" y estableció un parangón con el nacimiento físico. Nuestro nacimiento físico fue una experiencia instantánea,

y así debería ser nuestro nacimiento espiritual. Cierto es que el Espíritu de Dios habla a nuestros corazones a través de la Palabra de Dios durante un prolongado período y el aceptar a Cristo a muchos significa un proceso de larga elaboración; pero para recibirlo hay que vivir la clara experiencia de invocar el nombre del Señor.

Jesucristo mismo nos dijo: "He aquí, yo estoy a la puerta y llamo; si alguno oye mi voz y abre la puerta, entraré a él, y cenaré con él, y él conmigo" (*Ap.* 3:20). La palabra "cenar" significa *comulgar;* si lo que deseamos es la comunión con Cristo por medio del Espíritu, tenemos que invitarle a nuestra vida. Es el único medio de que disponemos para alcanzar el perdón de nuestros pecados, lograr la salvación del alma y tener al Espíritu Santo. El Espíritu Santo habita y llena la vida solamente de los creyentes, y creyentes son aquellos que han invitado a Jesucristo a morar en ellos como Señor y Salvador. Y es en vano que busquemos otra manera de superar nuestras debilidades o de mantener comunión con Dios. Jesucristo dijo: "Yo soy el camino, y la verdad, y la vida; nadie viene al Padre, sino por mí" (*Juan* 14:6). Si nunca hemos invocado el nombre del Señor Jesús, debemos hacerlo de inmediato. Es el único camino al Padre, la única fuente de poder para superar nuestras debilidades.

Superar nuestras debilidades

Si somos cristianos contamos con el poder para superar nuestras debilidades. Ese poder es el Espíritu Santo. Si estamos llenos del Espíritu Santo, según lo definimos en los capítulos 6 y 7, él vencerá nuestras debilidades. Si a pesar de ello descubrimos que hemos contristado o ahogado al Espíritu Santo incurriendo en la ira o en el temor, o en cualquiera de las otras debilidades anotadas en la tabla precedente, contamos con un remedio. A pesar de su generalidad, nos resultará sumamente efectivo el siguiente programa planificado para superar nuestras debilidades.

1. ¡Enfrentemos las debilidades sabiendo que son pecados!

En ningún caso debemos excusar nuestras debilidades con expresiones tales como "esa es mi naturaleza" o "no lo puedo evitar, yo soy como soy". Desgraciadamente muchísimos cristianos son verdaderos artistas en el arte del escapismo mental y rehusan llamar a las cosas por su nombre, designando como pecado sus defectos y debilidades. El hecho de que hoy en día el escapismo es una práctica muy común, no exime a los cristianos que se entregan a esa práctica nefasta. Debemos ser realistas. Si conocemos a Cristo podemos enfrentar cualquier cosa. La Biblia nos dice: "Todo lo puedo en Cristo que me fortalece" (*Fil.* 4:13). Esta afirmación es verdadera o es falsa. Si es falsa, entonces Dios es un mentiroso, la Biblia no es digna de confianza, ¡y podemos olvidarnos de todo el mensaje cristiano! No se puede ni siquiera pensar en esta posición y, francamente, eso dejaría al hombre sin posibilidad alguna de curación. El hombre que no conoce a Jesucristo puede negarse a reconocer sus propias debilidades, puesto que no tiene acceso al poder de Dios para superarlas. Pero eso no es el problema si somos cristianos. Por lo tanto, debemos reconocer nuestras debilidades como un pecado.

La asociación Alcohólicos Anónimos aclara desde un comienzo que el primer paso que hay que dar para curarse del vicio es que el alcohólico reconozca el hecho de que lo es. De la misma manera, si no reconocemos el hecho de que somos cristianos iracundos, amargados, temerosos, ansiosos y preocupados, iremos a la tumba dominados por la ira y el temor. Si somos personas depresivas como resultado de incurrir en el pecado de la compasión por nosotros mismos, iremos a la tumba frustrados por los efectos de largos períodos de depresión. No importa cuál sea nuestra debilidad, debemos dar el gigantesco paso hacia la curación, enfrentando el hecho de que es un pecado, y luego recurriendo a Dios en busca de su maravillosa curación.

2. ¡Confesar nuestro pecado cada vez!

1 *Juan* 1:9 se nos dice: "Si confesamos nuestros pecados, él es fiel y justo para perdonar nuestros pecados, y limpiarnos de toda maldad". Todos los cristianos deben aprender de memoria ese versículo y utilizarlo todas las veces que pecan. Si bien ese versículo se lo aplica a los pecadores que necesitan de la salvación, realmente está escrito para los cristianos. Juan tuvo por destinatarios a los que llamaba "hijitos míos", puesto que dirige la carta a los que son hijos de Dios por la fe. Alguien llamó a este versículo "el pan de jabón del cristiano". Está

incluido en la carta para que lo utilicemos regularmente a los efectos de que nuestras vidas no muestren por demasiado tiempo las manchas del pecado.

La Biblia nos dice: "Si en mi corazón hubiese yo mirado a la iniquidad, el Señor no me habría escuchado" (*Sal.* 66:18). La vida de oración de un cristiano está en corto circuito mientras subsistan en su vida pecados no confesados. Si no reconoce que la ira y el temor que lo dominan son pecados, sus oraciones serán nulas y sin valor. Felizmente esa vida de oración se restablece en el momento de la confesión.

"¿Cuántas veces debo echar mano de 1 *Juan* 1:9?" es una pregunta que con mucha frecuencia me han formulado. Mi respuesta es siempre igual: "Cada vez que peque y tan pronto como esté consciente de su pecado". No hay que dejar pasar ningún lapso entre la acción pecaminosa y la confesión. Cada vez que perdemos los estribos o nos sentimos temerosos o deprimidos, contristamos o apagamos al Espíritu Santo. En el preciso instante en que adquirimos consciencia de ese pecado, debemos confesarlo y darle gracias a Dios por su perdón y restauración.

3. Pedirle a nuestro amante Padre celestial que nos quite este hábito.

"Y esta es la confianza que tenemos en él, que si pedimos alguna cosa conforme a su voluntad, él nos oye. Y si sabemos que él nos oye en cualquier cosa que pidamos, sabemos que tenemos las peticiones que le hayamos hecho" (1 *Juan* 5:14,15).

La voluntad de Dios es que obtengamos la victoria sobre el temor y la ira. Estos versículos no dejan la más mínima duda de que podemos confiar en que nuestras oraciones serán contestadas cuando pedimos algo de acuerdo a su voluntad. Por lo tanto, cuando le pedimos a Dios que nos cure nuestras debilidades habituales, podemos confiar en que lo hará. Jesús dijo: "Toda potestad me es dada en el cielo y en la tierra. Por tanto, id, y haced discípulos a todas las naciones. . ." (*Mt.* 28:18-19). Puesto que el Señor Jesús cuenta con todo el poder, y lo ha demostrado al crear los cielos y la tierra, en lo cual se incluye al hombre, por cierto que tiene el poder para librarnos de nuestras debilidades.

4. Creer que Dios nos ha concedido la victoria.

Romanos 14:23 nos dice que "todo lo que no proviene de fe es pecado". Muchos cristianos se atascan aquí porque luego de pedirle a Dios que los cure "no sienten que están curados". Nada tiene que ver lo que sentimos. En lugar de ello tenemos que confiar en las promesas de Dios y esperar la victoria. Podemos hacer todas las cosas en Cristo que nos fortalece. Y eso incluye ser amables en lugar de iracundos, confiados en lugar de temerosos. Encomendemos a Dios nuestro camino en lugar de preocuparnos por todas las cosas.

Y no hay mejor manera de aceptar la victoria —de acuerdo con las reglas estipuladas— que agradecerle a Dios, por fe, por la victoria alcanzada. 1 *Tesalonicenses* 5:18 nos dice: "Dad gracias en todo, porque es la voluntad de Dios para con vosotros en Cristo Jesús". Y ya que la voluntad de Dios es que le agradezcamos en todo, entonces por fe podemos darle las gracias por la curación de nuestras debilidades, cuando obedientemente le hemos pedido la victoria.

5. Pidamos ser llenos con el Espíritu Santo (*Lc.* 11:13).

Como una ayuda adicional para superar las debilidades, debemos pedir ser llenos con el Espíritu Santo, en la forma descrita en el capítulo 7. Si ya hemos reconocido que nuestras debilidades conforman un pecado, si los hemos confesado como tales, y le hemos pedido por fe al Padre celestial que nos dé la victoria, ¿por qué no alistarnos para su servicio pidiendo que nos llene con el Espíritu Santo, creyendo que Dios hará lo que le rogamos?

6. Andemos en el Espíritu y moremos en Cristo (*Gá.* 5:16; *Juan* 5:1-11).

El Señor Jesús dijo: "Si permanecéis en mí, y mis palabras permanecen en vosotros, pedid todo lo que queréis, y os será hecho" (*Juan* 15:7). La "vida permanente" es la "vida llena del Espíritu", y es la forma de vivir que Cristo quiere que vivamos en esta generación. Sugerimos los siguientes pasos como método de andar en el Espíritu o morar en Cristo:

Seamos henchidos del Espíritu Santo en la forma mencionado anteriormente.

Permitamos que la Palabra de Dios ocupe una parte permanente en nuestras vidas. Como la Palabra es un libro sobrenatural, realiza cosas también sobrenaturales en la vida del creyente que la lee. El cristiano lleno del Espíritu Santo leerá la Palabra de Dios pues es su única fuente de alimento espiritual. Para ser fieles en el cumplimiento de esta premisa, debemos disponer de un horario regular para la lectura. Si se trata de recién convertidos, les sugerimos que comiencen por el Evangelio de Juan; a continuación leer varias veces 1 *Juan, Filipenses* y *Efesios;* luego todo el Nuevo Testamento. Es preferible no leer el Antiguo Testamento hasta no haber leído todo el Nuevo Testamento. Si bien las lecturas hechas en forma habitual son esenciales para un andar en el Espíritu a largo alcance, hay que evitar el peligro de tornarnos legalistas en nuestras devociones diarias. Por cierto que el Señor comprende perfectamente bien cuando nos acostamos a las dos de la madrugada y debemos levantarnos a las seis para ir a un compromiso ineludible. El que nos amó al grado de morir por nosotros entiende que nuestro cuerpo tiene que descansar. También entiende la forma acelerada en que se vive hoy en día. Por lo tanto, disfrutemos de la plenitud del Espíritu Santo sea que nos ajustemos o no a un estricto calendario de lecturas. Pero el cristiano lleno del Espíritu Santo querrá alimentar su alma con la Palabra de Dios tantas veces como le sea posible.

Debemos hacer una práctica diaria de la oración. Por cuanto la oración es comunión con Dios, también debe ocupar un lugar prominente en la vida del cristiano que camina en el Espíritu. Cuando hablamos de oración, mucha gente imagina prolongados períodos en la soledad de nuestra alcoba. Claro está que esos prolongados períodos de oración son beneficiosos y deberían efectuarse en forma regular en la vida de un cristiano, pero eso no es todo en la vida de oración. La Biblia nos habla "sobre la necesidad de orar siempre y no desmayar" (*Lc.* 18:1) y de que debiéramos "orar sin cesar" (1 *Ts.* 5:18). El cristiano que anda en el Espíritu vivirá una vida de oración. Se comunicará con Cristo, por medio del Espíritu Santo, respecto de todas las cosas de la vida. Le pedirá instrucciones sobre su trabajo y las decisiones que ha de tomar con su familia, en pocas palabras, pondrá en práctica la exhortación de *Proverbios* 3:6: "Reconócelo en todos tus caminos".

Debemos someternos permanentemente al Espíritu Santo. Romanos 6:11-13 nos dice que debemos presentar nuestros "miembros a Dios, como instrumentos de justicia". El cristiano en quien vive Cristo o que anda en el Espíritu, es uno que se somete permanentemente a Dios. Y vivir sometido a Dios quiere decir que todos los planes y actividades de la vida están condicionados a la premisa de "hágase tu voluntad". Nada tiene de malo que un cristiano anhele ciertas cosas, siempre y cuando esas cosas no sean violatorias de los principios establecidos en la Palabra de Dios y se ajusten al espíritu de la oración de Jesús en Getsemaní: "No se haga mi voluntad sino la tuya". Nos colocamos en terreno muy peligroso cuando exigimos voluntariosa y obstinadamente salirnos con la nuestra.

El estudiante que desea cambiar de colegio este año o invitar a un amigo a su casa para las vacaciones, no debe temer desobedecer a Dios.

Nuestros deseos muy bien pueden coincidir con los de Dios. Siempre hay que recordar que Dios está interesado en dar "buenas cosas a los que le pidan" (*Mt.* 7:11). Pero el cristiano sometido a Dios y que anda en el Espíritu, condicionará todos sus deseos al principio de que "si Dios quiere" hará tal o cual cosa.

Servir a Cristo. El Señor Jesús dijo: "Si alguno me sirviere, mi Padre le honrará" (*Juan* 12: 36). También les dijo a sus discípulos: "Venid en pos de mí, y os haré pescadores de hombres" (*Mt.* 4:19); y "Si alguno quiere venir en pos de mí, niéguese a sí mismo, tome su cruz cada día, y sígame" (*Lc.* 9:23). Jesucristo quiere que le sigamos en el servicio cristiano. Los cristianos han sido salvos para servirle. Y nosotros le servimos o somos servidos. Como dijo alguien, todo cristiano es una fuerza misionera o un campo misionero. Dios utiliza a los hombres para ejecutar su obra, y Dios quiere llenar nuestras vidas no solamente superando nuestras debilidades, sino haciéndonos productivos y efectivos en su servicio. Y esta productividad no solamente tiene una significación eterna para el futuro sino también una acción terapéutica para el presente.

El hombre ha sido ideado de tal manera que se siente frustrado cuando no sirve a su Creador. La gente más feliz del mundo es la que produce algo para Jesucristo. Un maestro de escuela amigo mío, de temperamento predominantemente melancólico, y que ha sufrido prolongados períodos depresivos, me comentó recientemente que el único día luminoso que disfrutó en medio de una larga noche de tenebrosa depresión, fue cuando tuvo la oportunidad de testificar de su fe personal en Jesucristo a un colega. Me dijo movido de un gran entusiasmo: "Fue el momento más feliz de toda la semana". Si ese querido hermano hubiera andado en el Espíritu y dispuesto a dar su testimonio a centenares de almas con quien está en permanente contacto, no hubiera sufrido depresión alguna.

Yendo al fondo de la cuestión, el deprimido debe decidir entre dos alternativas: someterse a Cristo para servirle o incurrir en el pecado de condolerse de sí mismo. El problema se reduce a servicio o a compasión de uno mismo. La respuesta a ese planteo, bajo la plenitud y la dirección del Espíritu Santo, determinará nuestra alegría de corazón en esta vida y la recompensa de la vida venidera.

El andar en el Espíritu es un estilo de vida. Admitamos que es un estilo de vida sobrenatural, y que es el resultado de residir en nuestros corazones el Espíritu Santo de Dios, que es sobrenatural. No es nada menos de lo que podemos esperar como resultado de recibir a Cristo, porque la Palabra de Dios nos promete que las cosas viejas pasan y "he aquí todas son hechas nuevas" (1 *Co.* 5:17).

El poder del hábito

El hábito puede ser una fuerza despiadada que domina a mucha gente. No debemos sorprendernos, por lo tanto, si descubrimos que nos hemos dado al hábito de dar rienda suelta a nuestras debilidades, sean ellas la ira, el temor, la depresión o cualquiera de sus derivados. Pero recordemos que el ser dominados por ese hábito no es algo ineludible (*Fil.* 4:13). Claro está que el diablo tratará denodadamente de ganar terreno en el campo de batalla, pero tenemos la Palabra de Dios que dice: "Mayor es el que está en vosotros, que el que está en el mundo" (1 *Juan* 4:4). Hay muchos cristianos que aceptan el método propuesto de reconocer que sus debilidades son un pecado, que lo confiesan, que piden la victoria, que creen en la obtención de la victoria, que solicitan ser llenos con el Espíritu Santo y andan en el Espíritu, y, al final de todo ello, vuelven al hábito. Y muchas veces renuncian a todo esfuerzo porque han vuelto al viejo hábito. ¡Esta es una jugarreta del diablo! El mejor tratamiento es repetir por fe estos cinco pasos para superar nuestras debilidades, cada vez que pecamos y tomamos consciencia de nuestros pecados, y algún día los viejos hábitos dejarán de dominarnos.

En cierta ocasión vino un hombre a consultarme porque estaba dominado por el pecado de la blasfemia. Como flamante cristiano sabía bien que no podía seguir usando el nombre del Señor Jesús en vano. Su mal hábito lo entristecía, pero por la fuerza de la costumbre lo hacía sin darse cuenta. Con profunda angustia exclamó: "¿Qué puedo hacer para superar este horrible hábito? " Yo le respondí: "Cada vez que menciona el nombre de Jesús en vano, reconozca el hecho de que es un pecado, pídale al Padre celestial que le quite el hábito, agradézcale por fe su anticipada victoria, pida el henchimiento del Espíritu Santo y ande en el Espíritu. Tres semanas después el hombre volvió a visitarme para informarme, gozosamente, que su lenguaje profano era cosa del pasado. ¿Y por qué habría de ser diferente el horrible hábito de contristar al Espíritu por la ira o el de apagar al Espíritu Santo por el temor o la depresión? Permítanme mis lectores compartir la experiencia de algunos cristianos que conozco y a quienes Dios les curó sus debilidades.

Historias clínicas de debilidades curadas

Un joven mecánico entró en mi oficina un día y me dijo que había gastado 250 dólares consultando a un siquiatra y que finalmente supo cuál era su problema: "¡Odio a mi madre! " A este joven, luego de seis visitas al siquiatra, se le dijo que en razón de que su madre le produjo una gran confusión en su vida, por haberlo metido en el alcoholismo y a los esfuerzos de ella para enfrentar a padre e hijo, subconscientemente la odiaba.

Habiéndose convertido a Cristo cuatro años antes, llevaba un año y medio de casado y alegremente se adaptaba a esta nueva forma de vida, cuando a su madre la dieron de alta de una institución para alcohólicos. No bien su madre lo llamó por teléfono, él y su esposa comenzaron a tener problemas. Tuvo problemas con sus compañeros de trabajo. Todo parecía andar mal y se enfermó de úlcera. Bastaba con que su madre le hablara por teléfono o fuera a verlo al garaje donde trabajaba, para que se le arruinara el día. Me dijo que se le ponía la piel de gallina por el mero hecho de ver a su madre a la distancia. Le pregunté: "¿Y por qué vienes a mí si has consultado a un siquiatra? " Su respuesta fue muy interesante: "El siquiatra me dijo lo que me pasaba, pero no cómo curarme". (Recientemente llamó mi atención la única terapia de que tengo noticias contra la iracundia, surgida de la escuela de siquiatría. Un siquiatra aconsejó que las personas "deben descubrir qué es lo que los fastidia y evitarlo". Me pregunté qué hace un hombre si descubre que la causa de su fastidio es su esposa. Por supuesto, que eso sería un factor contribuyente de la elevada tasa de divorcios en los Estados Unidos de América.)

En cierto sentido la siquiatría no tiene la respuesta porque carece de una fuente sobrenatural para cambiar la iracunda disposición del hombre. Gracias a Dios que ese joven conocía a Jesucristo y aplicando la fórmula estipulada anteriormente, no sólo pudo aproximarse a la madre sin que se le erizara la piel, sino que pudo hablar con ella amablemente sin contristar al Espíritu.

A otro joven lo refirieron a mí para que yo le sirviera de consejero de su esposa que consultaba a un siquiatra dos veces por semana. Puesto que ninguno de ellos asistía a nuestra iglesia, no podía entender cómo esperaba él que la viera, de modo que durante nuestra conversación telefónica le sugerí que viniera primero él a verme. De esa manera podía el joven volver a su casa e informarle a su esposa que había consultado con un pastor y pedirle que ella también acudiera a mi despacho. Le pareció una buena idea y quedamos en que vendría el lunes siguiente a medio día.

Al entrar a mi despacho sonó la sirena del mediodía, como era habitual todos los lunes en San Diego. Miró su reloj y orgullosamente me dijo: "Como de costumbre llego puntual. ¡Nunca en mi vida he llegado tarde a un compromiso! " Tomó asiento y durante 25 minutos habló sin cesar contra su mujer a quien calificó como una sicópata que le hacía la vida imposible. Cuando finalmente desembuchó todo cuanto tenía adentro, le hablé del evangelio de Jesucristo según las "Cuatro Leyes Espirituales" que mi hija de 16 años de edad aprendió en un curso de Cruzada Universitaria para Cristo. Como el Espíritu Santo había utilizado este método para presentar a Cristo en la vida de otras personas, quiso probarlo en este caso.

El joven ingeniero me atajó diciéndome: "Bueno, pero yo no creo en Cristo; no es que sea un ateo, pero simplemente no creo". Acallando por primera vez mi inclinación pastoral de hablarle del maravilloso poder de Cristo y de las abundantes pruebas de su deidad personal y pasando por alto su declaración, seguí hablándole de las "Cuatro Leyes Espirituales". Cuando terminé, luego de dibujar los dos círculos que representan la vida cristiana y la no cristiana, le pregunté:

—¿Cuál de estos círculos representa su vida?

Me sorprendió un poco cuando señaló al círculo de la vida no cristiana y exclamó:

—Ese círculo representa mi vida. Me pinta de cuerpo entero.

Luego, con cierta vacilación porque había declarado que no era cristiano, le pregunté:

—¿Hay algún impedimento para que ahora mismo invite a Jesucristo a entrar en su vida?

Aunque parezca mentira, me miró de frente y me respondió:

—No, en realidad eso es exactamente lo que necesito.

De inmediato se arrodilló y comenzó a orar. En primer lugar confesó que era un joven iracundo, amargado, resentido y vengativo, y le pidió a Jesucristo que lo perdonara y entrara a morar en su vida. Al terminar se sentó y rompió a llorar. Así estuvo durante varios minutos y luego me dijo, exhalando un profundo suspiro:

—¡Nunca me he sentido tan aliviado en toda mi vida!

Pude comprobar la evidencia del poder del Espíritu de Dios obrando en la vida de un nuevo cristiano, cuando me dijo:

—De paso, pastor, no es verdad todo lo que le dije sobre mi esposa. Olvídelo. La mayor parte del problema he sido yo.

Cuando volvió a las dos semanas, me asombró sobremanera que había aprendido de memoria los versículos que le aconsejé leyera, había completado un estudio bíblico y leído su Biblia todos los días, pues él era de esa clase de personas metódicas. Cuando le pregunté por su esposa, me demostró nuevamente la total transformación milagrosamente operada en la vida de él por el Espíritu Santo al decirme:

—No anda tan bien como yo quisiera, pero eso se entiende fácilmente. Demandará mucho tiempo anular los efectos de todas las cosas que le hice durante nuestra vida matrimonial. En nada se parecía este joven compasivo y afable al individuo iracundo, vitriólico y amargado de dos semanas antes; una evidencia más del poder del Espíritu Santo para superar las naturales debilidades del hombre.

Un resultado interesantísimo de esta experiencia fue que dos meses después, la esposa, inspirada en la transformación producida en la vida de su esposo, cayó de rodillas en su hogar e invitó al Señor Jesucristo a que entrara en su vida. Y ahora está libre de sus problemas creados por el temor y no consulta más al siquiatra.

Una ama de casa a menudo deprimida y dominada por el temor, vino a consultar conmigo. En el curso de nuestra conversación me habló de su desdichada vida. Cinco años atrás la habían sometido a un tratamiento de electroshock y tenía la sensación de que estaba a punto de reproducirse el ciclo de temor y depresión que tanto temía. Criada en un hogar cristiano y casada con un espléndido comerciante cristiano, se sentía dominada por su debilidad del miedo. Uno de sus problemas involucraba un pecado en particular cometido 11 años atrás y que no podía olvidar. Entendía que Dios perdona, pero no podía perdonarse a sí misma.

Sospeché que no captaba realmente la magnitud del perdón de Dios, de modo que le asigné la tarea de buscar en la Biblia todo lo que pudiera encontrar sobre el perdón de los pecados. Dos semanas después volvió radiante de alegría. Por primera vez en su vida supo lo que era la paz de Dios con respecto a su antiguo pecado. Poco a poco ese pecado pasó a ser una cosa del pasado y desaparecieron gran parte de sus temores. Sin embargo fueron necesarias nuevas sesiones de consulta porque aún sufría prolongados períodos depresivos.

Un día la enfrenté con la verdad de que su depresión era provocada por la compasión que ella sentía por sí misma, y que de la misma manera que Dios la curó de sus temores del pasado cuando reconoció su perdón, podía curarla de la depresión si abandonaba la costumbre de condolerse por sus desdichas. Perfeccionista como era, se daba el placer de rumiar las costumbres desordenadas de su esposo en la casa. También refunfuñaba porque él era poco expresivo en sus manifestaciones amorosas. En realidad, reconoció que en muchas áreas de su vida sentía lástima por sí misma. Pero cuando la enfrenté con el pecado que entrañaba este mortal hábito, lo confesó como un pecado y se retiró armada con este nuevo método para superar sus debilidades. Pocas semanas después me habló para informarse que no precisaba más de mis consejos. Desde entonces he recibido de ella varias notas de agradecimiento y su esposo me agradece todas las veces que nos encontramos por "la transformación de mi esposa". Pero no fueron los consejos; fue el Espíritu Santo quien superó sus debilidades.

Estas no son más que unas pocas historias clínicas que ofrecemos para ilustrar el hecho de que Dios puede superar nuestras debilidades. Todos tenemos la tendencia de exagerar nuestros problemas y, si puede ayudarnos en algo, recordemos que: "No os ha sobrevenido ninguna tentación que no sea humana; pero fiel es Dios que no os dejará ser tentados más de lo que podéis resistir, sino que dará también juntamente con la tentación la salida para que podáis soportar" (1 *Co.* 10:13).

Cualquiera que sea la debilidad, son comunes a todos los seres humanos porque son el resultado de nuestro temperamento, de nuestro medio ambiente, de nuestra educación y de nuestra mo-

tivación. Si hemos recibido a Jesucristo como
Salvador y Señor, el Espíritu Santo pasa a ser
nuestra motivación y la parte más importante
de nuestro carácter. La vida abundante que
Cristo vino a darnos (*Juan* 10:10b) es nuestra
por el henchimiento del Espíritu Santo. Si hemos estado dominados por nuestras debilidades,
no debemos desmayar. ¡Jesucristo las superó!
Ante nosotros se abre la perspectiva de un nuevo
estilo de vida a medida que permitimos que el
Espíritu Santo controle nuestros temperamentos.

CAPITULO 12

TEMPERAMENTOS MODIFICADOS POR EL ESPIRITU

Cuando el Espíritu Santo se incorpora a la vida de un hombre, se da a la inmediata tarea de modificar su temperamento. Como consejero, he tenido la enorme dicha de comprobar la indubitable acción del Espíritu Santo sobre el natural temperamento de una persona a tal grado de que resulta imposible ver ni siquiera vestigios de su temperamento original. Y resulta particularmente estimulante observar este cambio en personas que no tienen la menor idea sobre el tema de los temperamentos; el cambio se produce exclusivamente por obra y gracia del Espíritu Santo.

Y es de esperar este cambio temperamental. El "nacer de nuevo" es una experiencia sobrenatural y, como tal, debe tener, necesariamente, un efecto también sobrenatural sobre los individuos. El grado de modificación en el temperamento de una persona estará en relación directa con el grado en que llene su vida con el Espíritu Santo. El Espíritu Santo introducirá automáticamente en la naturaleza del individuo nuevos rasgos y características.

Las nueve características del Espíritu Santo,

tal como figuran en *Gálatas* 5:22-23, nos dicen lo que Dios puede hacer con la materia prima de nuestro temperamento. Hemos de examinar nuevamente cada uno de los temperamentos para señalar de qué manera el Espíritu Santo suple la fuerza necesaria para luchar contra cada una de las debilidades que nos son propias. Este cambio se producirá en forma gradual y, habitualmente, en forma subconsciente.

El sanguíneo lleno del Espíritu

El señor Sanguíneo será siempre un extrovertido, aún después de ser lleno con el Espíritu Santo. Y además será siempre una persona enérgica, festiva y compasiva. Siendo, como siempre lo fue, tan locuaz, el tenor de sus conversaciones será uno de los primeros cambios en producirse. Tal vez hable tanto como antes, pero será muy distinto. Aprenderá un nuevo vocabulario y abandonará definitivamente el uso de palabrotas que son parte tan natural del sanguíneo incrédulo. Persistirá en su costumbre de contar cuentos para alegrar las tertulias, pero ahora no serán cuentos obscenos como antes, sino plenos de un sano humor. Hará suyas las emociones de los demás, pero con un espíritu compasivo y misericordioso. Y en lugar de reducirse a llorar con los que lloran, ahora los estimulará compartiendo con ellos las promesas de Dios y señalándoles a Jesús, el autor y consumador de la fe.

El débil carácter del señor Sanguíneo es, probablemente, su problema más serio. Cuando lo llena el Espíritu Santo, su carácter se fortalecerá y evitará su anterior actitud de "seguir la corriente" u "optar por la menor resistencia".

Será más consecuente en su vida personal, al grado de organizarse y hacer las cosas de tal manera que se pueda confiar en él. Frente a determinadas oportunidades, aprenderá a decir "no", prefiriendo hacer bien lo que ya tiene entre manos. Si bien es receptivo por naturaleza al medio ambiente, evitará quedarse a solas con secretarias bonitas o filtrear con otras mujeres. Se modificará su sentido de valoración de las cosas y verá con nuevos ojos a su propia esposa que, súbitamente se le hace más atractiva y prestará más atención a la felicidad de la familia.

Este hombre dinámico verá un desafío en el nuevo propósito de su vida, para ser utilizado por Dios. Una vez probado el gozo de ver al Espíritu Santo que utiliza su vida para atraer a otros al Salvador, su antigua manera de vivir le parecerá desprovista de toda significación.

Un vendedor amigo mío me invitó a almorzar cierto día y me relató sus problemas, revelándose como un sanguíneo casi puro. Por momentos encabezaba las ventas del negocio y luego caía en un período de apatía durante el cual no lograba vender nada. Su gran problema era la lujuria, y lo seducía nuevamente el tipo de vida audaz, que todo lo deja a la buena ventura. Renunció a su clase en la escuela dominical y hallaba insignificantes excusas para faltar a los cultos de la iglesia. ¡Se sentía totalmente desdichado!

Le señalé que el Espíritu Santo no lo soltaría porque "Jehová al que ama castiga" (*Pr.* 3:12), y su desdicha también lo era del Señor. Luego hablamos de la vida llena del Espíritu, y coincidió conmigo en que eso tenía sentido. Poco a poco este hombre llegó a ser, en la práctica, lo que era en el Espíritu. Apareció en su vida un nuevo dominio de sí mismo; es siempre el primero o el segundo en las ventas todos los meses, por más de un año; su vida familiar se ha transformado. Pero mejor que todo eso, Dios lo ha utilizado poderosamente como benéfica influencia en la vida de otros comerciantes, tanto de creyentes como de incrédulos. Y creánmelo, no está dispuesto a cambiar su experiencia de estar lleno con el Espíritu Santo por su antigua vida sanguínea.

La paz es otra de las fuerzas que el Espíritu Santo le entrega al señor Sanguíneo. Por naturaleza inquieto, el Espíritu Santo le brinda un nuevo propósito a su vida, y de ello nace una tranquila paz. Aprenderá a encomendar a Dios su camino, y en lugar de engendrar discordias y confusión, tendrá un efecto calmante sobre los demás. Eso lo ayudará a evitar situaciones desagradables nacidas de sus apresurados juicios.

Y esta nueva paz y dominio propio que ha encontrado, le ayudará a controlar su fogoso temperamento. Al aplicar la fórmula para superar su debilidad de ira, como lo señalamos en el capítulo anterior, evitará sus excesivos arranques que a menudo son desconcertantes y humillantes. De esta manera gozará de una inmensa paz en lugar de soportar la tortura de la vergüenza, el arrepentimiento y la hostilidad de parte de otros.

Considero que el señor Sanguíneo, es propenso, por naturaleza, al egocentrismo, por lo que el Espíritu Santo lo investirá de una nueva humildad. Gradualmente comenzará a preocuparse por las necesidades y sentimientos de los demás. No ridiculizará a un pobre hombre en público haciendo que los demás se rían de él, sino que será respetuoso de sus sentimientos y aplicará su sentido del humor en otro lado. Sus conversaciones dejarán de girar alrededor de su persona y lo hará en torno a Jesucristo y a la obra cristiana. En pocas palabras, su egoísmo dará lugar a una humildad extraña a su naturaleza, y dejará de ser el personaje fanfarrón del pasado. Esta flamante humildad le hará muchos amigos y siendo, como es, tan expresivo, su fe será contagiosa.

El apóstol Pedro es un excelente ejemplo del sanguíneo lleno del Espíritu. Después del Día de Pentecostés usó sus labios con tremendo poder para predicar a Jesucristo. Desde aquel momento en adelante la vida de Pedro fue consecuente y desprovista de toda tendencia egoísta, sin vanagloriarse jamás. Todavía era un líder, pero su conducta frente al sanedrín en *Hechos* 4 demostró una moderación, inspirada por el Espíritu, ajena a su naturaleza. Dedicó su vida a la gloria de Cristo, porque estaba lleno del Espíritu.

Muchos cristianos sanguíneos han sido utilizados por Dios para testificar de su fe cuando han buscado ser llenos del Espíritu Santo y han caminado en el Espíritu. ¡Será grande su recompensa en el cielo! Por otra parte, triste es decirlo, muchos cristianos sanguíneos han transitado por el sendero de la vida sin ton ni son, sin producir nada positivo, urdiendo contiendas, lastimando a otros creyentes, y obstaculizando la obra de la iglesia. Serán salvos "así como por

fuego" (1 *Co.* 3:15), pero recibirán escasa recompensa o ninguna, porque tuvieron en poco
el mandamiento de Dios de "sed llenos del Espíritu" (*Ef.* 5:18).

El colérico lleno del Espíritu

El colérico lleno del Espíritu se tornará, inva-
riablemente, en un dinámico y eficaz líder cristiano. Su vigorosa fuerza de voluntad, dirigida
por el Espíritu Santo hacia metas eternas, lo
hace notoriamente productivo. Hará la "milla
extra" (*Mt.* 5:41) para ejecutar acabadamente
la obra del Señor. Es un hecho conocido que
muchos de los más grandes líderes en la historia
de la iglesia poseían una fuerte dosis de temperamento colérico. Su natural productividad no es
debida a una inteligencia superior sino al resultado de su mente activa y de su empecinada determinación.

Años atrás una empresa de ventas determinó
que la diferencia entre un vendedor exitoso
y un vendedor común era un 17 por ciento
de mayor esfuerzo. El cristiano colérico es
capaz de hacer ese 17 por ciento y si a eso se
añade su natural optimismo tenemos un hombre
dispuesto a "intentar grandes cosas para Dios".

El liderato del colérico suele ser un peligro,
como lo ha demostrado la historia cristiana,
cuando el colérico cede a la tentación de acre-
ditarse a sí mismo lo que Dios ha hecho en su
vida, contristando por ello al Espíritu, y ejecu-
tando la obra de Dios con sus propios esfuerzos.
Debido a su natural capacidad los demás le siguen, pues les toma tiempo darse cuenta de que
el colérico toma en menos al Espíritu Santo.

Pablo dijo: "Sed imitadores de mí, así como yo de Cristo" (1 *Co.* 11:1). Nosotros debemos seguir a los líderes cristianos en la medida que ellos siguen a Cristo, tal como lo dice la Palabra de Dios.

A pesar de las excelentes cualidades que hemos mencionado del señor Colérico, justo es decir que sus necesidades espirituales son mayores que los otros, aun cuando él no se dé cuenta de ello. A menudo se niega a reconocer este hecho, aunque se lo señalen. Se contenta con ejecutar "la obra del Señor" independientemente del Espíritu Santo. Feliz del colérico (y de su familia) que reconoce con Pablo que debe "morir diariamente" y está dispuesto a decir: "Con Cristo estoy juntamente crucificado, y ya no vivo yo, mas vive Cristo en mí" (*Gá.* 2:20).

Entre los primeros cambios que se observan en el colérico lleno del Espíritu Santo, aparece el amor por los demás. Empieza a mirar a la gente como individuos por quienes murió Cristo, y ve las cosas con genuina compasión. Bien dirigido verá la necesidad de enviar misioneros a los países paganos del mundo.

Un hombre no cristiano, al saber que su primo se dedicaría a traducir la Biblia y que se "enterraría en las selvas del Brasil", hizo el siguiente comentario: "Yo sé lo que yo haría; ¡ tomaría una ametralladora y barrería a tiros a los nativos! " Sin embargo se convirtió cuando su primo hacía su primer año de vida misionera. El Espíritu Santo lo transformó, y fue a esperar a su primo misionero en el aeropuerto cuando regresó después de cuatro años, y equipó a toda su familia de un nuevo ropaje. Recientemente el convertido me dijo que él y su esposa iban a trabajar para la institución Wycliff de traductores bíblicos, ¡con el objeto de reunir fondos y obreros para llevar el Evangelio a las tribus carentes de Biblias en el mundo entero! ¡Solamente el Espíritu Santo puede poner semejante amor en el corazón de una persona!

El colérico lleno del Espíritu Santo experimentará una enriquecida paz, que no estará limitada únicamente a los períodos de actividad. Le será cada vez más fácil confiar en la sabiduría del Señor que actuar precipitada y atolondradamente basado en su propia intuición. A medida que la paz de Dios reemplaza su innata iracundia, descubre su mayor felicidad. En lugar de enfadarse y amostazarse por alguna injusticia, aprende "a echar toda su ansiedad" (1 *P.* 5:7) en los brazos del Señor. Si es preciso una venganza, deja que el Señor se la tome. En pocas palabras, llega a valorizar el ininterrumpido andar con Cristo a través del henchimiento del Espíritu Santo.

Aparte de lograr la paz emocional y espiritual, evita las úlceras que, de otra manera, tendría. De una familia de cuatro coléricos que conocemos, el más fuerte es el único de la familia que no padece úlceras. No es una simple coincidencia que de los cuatro es el único cuya vida está llena del Espíritu.

Las otras cuatro características que tanto necesita el señor Colérico, son la gentileza, la bondad, la paciencia y la mansedumbre. Para hacer buen uso de su vida y enriquecerlo, el Espíritu Santo quiere crearle estas características.

Cuando el señor Colérico está lleno del Espíritu Santo, cambiará de lo brusco, torpe y hasta detestable, a lo delicado, amable y cortés. En lugar de ignorar a su esposa en público, la tratará con todo respeto. No porque la cortesía y la consideración le signifiquen mucho a él sino porque le significan mucho a ella y es un buen testimonio cristiano. Es inconcebible imaginar al Señor Jesús pasar por una puerta de vaivén antes que una señora y soltar la puerta de golpe. Tampoco lo hacen sus siervos llenos del Espíritu Santo.

Cuando el Espíritu Santo transforma la orgullosa actitud del señor Colérico en una encantadora mansedumbre y humildad, tendrá un natural deseo de brindarse a los otros y una nueva paciencia para sus inconsecuencias y debilidades. En lugar de adoptar una actitud de superioridad cuando se enfrenta a las debilidades de los demás, le agradece a Dios por el inefable don del dominio propio. Y es un don que mientras más lo utilice más lo apreciará.

El mundo está lleno de necesitados, de modo que al señor Colérico nunca le faltarán cosas que hacer ni gente que ayudar. Y en lugar de perder su tiempo en tareas que satisfagan su imperioso afán de actividad, será dirigido por el Espíritu para darse a sí mismo y hacer conocer a todo el mundo que la mayor necesidad del hombre es un encuentro personal con Jesucristo. Su recién adquirida afabilidad, paciencia y tacto lo harán ganar muchas almas. Y el resultado, para él, será una vida abundante y gananciosa, dedicada al servicio de los demás para la gloria del Señor, y muchos galardones en el cielo por su obediencia al mandamiento de Dios.

Algunos años atrás tuve la clara noción de lo que puede hacer el Espíritu Santo para cambiar el temperamento colérico. En nuestra iglesia teníamos un muchacho de secundaria, verdadero malvado en toda la extensión de la palabra. Nuestra hijita de cuatro años de edad le tenía tanto miedo que ni se le acercaba. Durante el último año de la secundaria, el Espíritu Santo lo persuadió de su culpabilidad, y si bien era bautizado y miembro de la iglesia, se dio cuenta de que nunca había nacido de nuevo. La víspera de Año Nuevo cayó de rodillas e invitó a Jesucristo a entrar en su vida como su Señor y Salvador.

¡El cambio en ese muchacho fue asombroso! Su gentileza y amabilidad era de no creer. Dos meses después caminaba el muchacho por la acera después del servicio religioso en momentos en que nuestra hijita bajaba los escalones que la llevaban a la calle desde el departamento infantil. Sonriéndole le extendió sus brazos y, para mi inmenso asombro, ella se arrojó en los brazos de él y le dio un fuerte abrazo. Supe entonces que no era el mismo muchacho aunque su aspecto exterior lo fuera.

El colérico lleno del Espíritu Santo disfrutará de muchas bendiciones que nunca serán la porción del colérico natural. Entre ellas figuran, en primer lugar, el amor y el compañerismo. El colérico natural cuenta con muy pocos amigos. La gente lo respeta, a menudo lo admira, pero pocos le aman porque le temen. Una vez lleno del Espíritu, tendrá una personalidad tan agradable que le permitirá hacer amigos sobre bases genuinas y perdurables. El colérico natural, consciente de que ni siquiera su familia lo ama, adopta una actitud que dice: "¡Eso no me importa!". Pero en lo más profundo de su ser no piensa así. El señor Colérico necesita, desesperadamente, que lo llene el Espíritu Santo.

Probablemente sea el apóstol Pablo la mejor ilustración en toda la Biblia del colérico lleno del Espíritu. Aparece en *Hechos* 8 como el hombre que "consentía" en el asesinato de Esteban, el primer mártir cristiano. En el capítulo 9 lo hallamos: ". . .respirando aún amenazas y muerte contra los discípulos del Señor".

Nunca hubo, como ésta, mejor descripción de un crudo colérico. Aún hoy emociona vivamente a los estudiosos de la Biblia el leer sobre la transformación tan dinámica de este hombre, tanto que el estudio de su conducta, después de la conversión, ha sido utilizada por Dios para llevar a muchos al conocimiento del sobrenatural poder de Jesucristo, como única explicación de su comportamiento.

El melancólico lleno del Espíritu Santo

Los numerosos talentos del temperamento melancólico se enriquecen y aumentan su productividad cuando es henchido por el Espíritu Santo. Su rica y sensible naturaleza se pondrá a tono con las necesidades de la humanidad. Nadie como el melancólico para escuchar, con oído realista el patético clamor de una humanidad perdida. Y cuando lo llena el Espíritu no sólo escuchará sino que se pondrá a disposición de Dios para hacer algo al respecto. Su perfeccionismo analítico lo adecúa particularmente para ocuparse de los detalles tan necesarios de toda

obra que a menudo descuidan sus hermanos extrovertidos. Cuando lo llena el Espíritu no permite que la irritación que le provoca la odiosa
negligencia de los demás lo neutralice, y opta por
servir al Señor silenciosamente, teniendo "por
sumo gozo" (*Stg.* 1:2) ser parte de la expansión
del reino del Salvador.

Los rincones más olvidados del mundo están
en deuda con el sacrificado melancólico lleno
del Espíritu, por haberles hecho conocer el
Evangelio. Muchos son los cristianos que recuerdan al fiel melancólico lleno del Espíritu
que tenazmente los persiguió cuando los demás
abandonaron la partida. Y en base a su inagota-
ble capacidad de amar, contagia su amor a los
demás y los lleva a los pies del Salvador, sufrien-
do a veces en el proceso abusos de toda índole.

Muy pocos cristianos advierten al entonar un
hermoso himno en la iglesia, o al leer una signi-
ficativa poesía, o al disfrutar música tal como
El Mesías, o al contemplar alguna gran obra de
arte, o al leer un libro donde se habla de las
profundas verdades de Dios, que está disfru-
tando del resultado de los talentos de un melancólico, modificado y vigorizado por el Espíritu
Santo.

La característica egocéntrica del melancólico,
que a menudo domina su vida, se transformará
en mansedumbre y en bondad, cuando está lleno
con el Espíritu Santo. No hay en todo el mundo
mejor terapia para el melancólico que sacar sus
ojos de sí mismo y comprometerse con los demás. ¡ Pero no sabemos cómo podrá hacerlo, sin
contar con Jesucristo! Cuando la mansedumbre
y la bondad del Espíritu toman posesión de un

melancólico, perciben con toda claridad que es de "los pecadores. . . el primero" (1 *Ti.* 1:15) y recipiente de la ilimitada misericordia de Dios.

Si bien jamás será descuidado en lo que hace, despierta a la realidad de que las necesidades de los demás son tan agudas, que debe ofrecerse a Dios para servirle. No es su perfeccionismo el que realmente ejecuta la tarea, sino la obra del Espíritu Santo. Cuando el Espíritu finalmente logra convencer al melancólico de que lo que Dios quiere es su disponibilidad y no su perfección, está listo para ser utilizado. En las manos de Dios "hasta los trastos viejos sirven" y, como lo decía Pablo, "cuando soy débil, entonces soy fuerte". Cuando esta mansedumbre llena su vida disfruta de los demás a pesar de sus debilidades, y no siente la tentación de criticarlos, con lo cual no entristece su conciencia por demás sensible.

El melancólico lleno del Espíritu disfruta de su sueño tranquilo y reparador, en tanto el lecho del melancólico que vuelve a las andadas es un potro de tormento al recordar y revivir sus incontrolables críticas y cáusticos comentarios. El melancólico lleno del Espíritu se conforma con dejar el resultado en las manos de Dios luego de hacer lo mejor que pudo en el campo de la música, del arte o de cualquier otra disciplina. El melancólico dominado por la carne no está nunca satisfecho.

Una ama de casa melancólica se quejó de lo inconsecuente que era su sanguíneo esposo: Siempre llega tarde a todos sus compromisos, es imposible confiar en él, es descuidado con su ropa y acepta más responsabilidades de las que puede ejecutar bien, es el blanco de numerosas críticas. Amablemente le hice ver que a pesar de las debilidades de su esposo, Dios lo usaba a él mucho más que a ella. Como cristiano era un vivo y dinámico testimonio, y había ganado para Cristo a varios de sus compañeros y a clientes en la empresa donde trabajaba. Ella podía hacer cualquier cosa mejor que él, pero nunca había llevado a nadie a los pies de Cristo.

¿Cuál era la razón? No por la inconsecuencia de él, sino porque él siempre estaba disponible. Para ella, la respuesta al estímulo del Espíritu Santo era "el momento no es propicio", "no recuerdo el versículo bíblico apropiado" o "tal vez lo ofenderé".

Pero hoy en día es una ganadora de almas. ¿Y cómo se explica eso? Porque en lugar de idear excusas, eleva una oración: "Señor, he aquí mis labios; si quieres usarlos, están disponibles". No siempre está segura de cómo iniciar una conversación, pero el Espíritu la utiliza regularmente. La mansedumbre y la bondad inducidas por el Espíritu, nos pone a disposición de Dios y esa disponibilidad nos hace fecundos en su servicio.

La séptima característica del Espíritu Santo anula la tendencia al pesimismo del melancólico. El pesimismo es contagioso, pero la fe cura el pesimismo. Cuando el Espíritu toma el control de un creyente melancólico, lo que parecía imposible lo ve ahora a la luz del poder de Dios. Por medio de la fe Moisés, el melancólico, llegó a ser un gran líder. De la misma manera en el día de hoy, muchos creyentes enfrentados a obstáculos abrumadores, analizan esos obstáculos con los ojos de la fe y Dios les concede la victoria. La mayoría de los cristianos, como Israel en la antigüedad, "limitan a Dios por su incredulidad". Y hoy día Dios busca hombres de fe (2 *Cr.* 16:9). No busca a genios ni a intelectuales; busca vasos disponibles que tengan la suficiente fe para creer que Dios puede lograr lo imposible.

Algunos años atrás rompí mis anteojos marrones y al comprar unos nuevos descubrí que los lentes verdes permiten ver todo mejor. El pasto parece más verde, el cielo más azul, y todos los colores son más vívidos. De pronto se me ocurrió que cuando el Espíritu de Dios llena a un creyente, es como colocarse los anteojos de la fe y todo parece mejor, lo imposible se torna posible, lo inasequible se torna asequible. Feliz el hombre lleno del Espíritu Santo en estos oscuros días, porque los anteojos de la fe hacen que todo parezca mejor. Dios ha utilizado todo tipo de hombres, tanto en los días bíblicos como a lo largo de la historia cristiana. Algunos fueron genios de gran preparación y cultura, como el apóstol Pablo; otros no contaban con preparación alguna, hombres comunes como Pedro. Pero todos los hombres que fueron utilizados por Dios, en todas las épocas, tuvieron una cosa en común: la fe.

El natural mal humor del señor Melancólico no es el marco apropiado para el gozo y la paz del Espíritu Santo. Nadie puede estar lleno con el Espíritu Santo y al mismo tiempo deprimido, ni siquiera el señor Melancólico. Esto no quiere decir que nunca estará deprimido. Lo que sí quiere decir es que cuando está deprimido y de mal talante, no está lleno con el Espíritu Santo. Si en lugar de ocuparse de las circunstancias que rodean o de su propia persona, se ocupa de llenarse con el Espíritu Santo, no estará taciturno.

El gozo y la paz provienen, para el cristiano, de dos fuentes: la Palabra de Dios y el don del Espíritu Santo (*Col.* 3:15-17; *Ef.* 5:18-21). Hemos conocido cristianos malhumorados que jamás leen la Biblia para su propia bendición espiritual. Prefieren no hacer nada y sentir lástima de sí mismos, que leer la Palabra de Dios. Nuestro Salvador dijo: "Estas cosas os he hablado, para que mi gozo esté en vosotros, y vuestro gozo sea cumplido" (*Juan* 15:11). También dijo: "Estas cosas os he hablado para que en mí tengáis paz. En el mundo tendréis aflicción; pero confiar, yo he vencido al mundo" (*Juan* 16:33).

El gozo y la paz del melancólico lleno del Espíritu, lo preparan emocionalmente para utilizar las incalculables riquezas que Dios ha depositado en su interior. Poco a poco abandonará los antiguos hábitos malhumorados, a medida que el gozo y la paz del Espíritu Santo llenen su vida. Como lo comentó un melancólico lleno del Espíritu: "Desde que comencé a caminar en el Espíritu dejé de buscar la felicidad hasta que caí en la cuenta, días atrás, ¡de que soy feliz! ".

El amor de Dios, derramado en el corazón del creyente por el Espíritu Santo, debe tener algún efecto sobre el cristiano. A medida que el amor de Dios colma la vida del cristiano melancólico, se ocupa menos de sí mismo y más de Cristo y de sus congéneres. Y eso, en sí mismo constituye una saludable terapia. Bajo el poder de este amor, el señor Melancólico se transforma en un hombre diferente.

El apóstol Tomás es un excelente ejemplo en el Nuevo Testamento, de lo que Dios puede hacer con un temperamento melancólico lleno del Espíritu. Se lo conoce como el discípulo de la duda, por su famosa declaración: "Si no viere en sus manos la señal de los clavos, y metiere mi dedo en el lugar de los clavos, y metiere mi mano en su costado, no creeré" (*Juan* 20:25). Notorio caso de incredulidad, engendrado por las dudas de Tomás, teniendo en cuenta que dijo esas palabras a pesar de que muchas veces el Señor les anunció anticipadamente su resurrección, y a pesar de que los diez discípulos le dijeron: "Al Señor hemos visto".

Pero no es ese el único ejemplo del pesimismo del melancólico Tomás. En *Juan* 11:16 Jesús insistió —a pesar de la advertencia de sus discípulos de no ir de nuevo a Judea porque los judíos procuraban matarle— en ir al hogar de Lázaro en Betania. Al ver la determinación del Señor, Tomás expresó su pesimismo al decirles a sus condiscípulos: "Vamos también nosotros, para que muramos con el".

Humanamente hablando ese hombre estaba condenado al fracaso, pero no ocurrió así con Tomás. Después de ser lleno con el Espíritu Santo, Tomás se dedicó fielmente al servicio de su Señor. La Biblia no relata toda la historia de Tomás, pues se redujo a los hechos de Pedro y de Pablo y de sus inmediatos colaboradores. Cuando estuve en Madrás, India, vi la tumba del apóstol Tomás. Muchos eruditos consideran que es auténtica la historia de su ministerio.

Parece ser que después del día de Pentecostés, Tomás fue llevado por el Espíritu a la India, donde afrontó toda suerte de peligros y predicó a Cristo con poder. Muchos se convirtieron y se establecieron iglesias. A su tiempo Tomás fue martirizado por su fe y murió con el coraje que solamente puede brindar el Espíritu Santo. La actual iglesia del sur de la India no es el resultado de la obra misionera sino que se remonta al primer siglo de nuestra era, cuando Tomás, el melancólico lleno de dudas llegó a ser un fiel siervo de Jesucristo al ser lleno con el Espíritu Santo.

El flemático lleno del Espíritu

Poco es el cambio temperamental del señor Flemático cuando lo llena el Espíritu Santo. Ello se debe a que por naturaleza es calmo, tranquilo, pacífico, alegre y consecuente, básicamente lo que sería dable esperar de un cristiano. En realidad, los flemáticos incrédulos actúan más cristianamente que muchos cristianos. ¿Qué hace entonces, el Espíritu Santo cuando llena al flemático?

Por un lado le dará la calma y la tranquilidad interior que aparenta tener en su exterior. También logrará superar sus debilidades tales como la excesiva reserva, la terquedad, el temor, la indiferencia y su falta de motivación. El señor Flemático tiene la capacidad potencial de ser un excelente líder; el Espíritu Santo lo capacitará para que ese potencial se traduzca en acción.

El primer fruto del Espíritu será la fuerza dinámica que motive al señor Flemático. A medida que su corazón se llene hasta rebosar de un genuino amor por los demás, saldrá de su caparazón de autoprotección y se dará vigorosamente al servicio de Cristo. Y a medida que crezca su amor por el Señor se olvidará de sí mismo y aceptará por amor a Jesús tareas que antes rechazaba. Contando con el poder del Señor, pronto será un voluntario líder y un participante en lugar de ser un espectador. Este don del amor del Espíritu Santo, eliminará la parte odiosa y ofensiva de su personalidad, y será un motivo de placer para quienes lo rodean.

El don de la fe con que el Espíritu Santo obsequia al flemático, anulará uno de sus peores problemas: el temor. La mayoría de los flemáticos son excesivamente tímidos y temerosos. El temor es un cruel capataz y a medida que el Espíritu le brinda confianza y fe, el flemático pierde gradualmente muchas de sus naturales y adquiridas inhibiciones. Es muy común oir decir a un flemático: "Nunca he podido hablar en público". Pero cuando el Espíritu Santo llena su vida, logra hacerlo cada vez con mayor facilidad. Y cuando finalmente habla en público lo hace espléndidamente porque se prepara a fondo y sus ideas revelan una mente bien organizada. Nunca será un extrovertido, pero acompaña su tranquilo mensaje con argumentos tan lógicos y contundentes que llega más al oyente que el de los locuaces extrovertidos.

Cuando el Espíritu Santo llena su vida, el flemático gradualmente adquiere el pleno convencimiento de que "todo lo puede en Cristo que lo fortalece". Este concepto le abre el camino para servir al Señor, y como es tan eficiente y responsable, se le abre no sólo un camino sino un mundo de oportunidades.

La bondad y la mansedumbre del Espíritu Santo obran conjuntamente sobre el señor Flemático, motivándolo a pensar en los demás y no tanto en sí mismo, y las necesidades de ellos se convierten en fuente de motivación. A medida que aumenta su abnegación, su egoísmo es reemplazado por una creciente generosidad.

La mayoría de la gente necesita el don del dominio propio. Esa es otra de las cosas que brinda el Espíritu. Cuando llena al señor Flemático, le inspira para que termine lo que tiene entre manos y se comprometa en muchas formas de servicio que hasta entonces había descuidado. Muchos de los eficientes y fieles obreros cristianos son flemáticos llenos del Espíritu.

Una buena ilustración bíblica sobre la obra del Espíritu Santo en la vida de un flemático, la constituye el tranquilo y bonachón Abraham. El temor dominó casi toda la vida de este gran patriarca. Llegó al colmo de que en dos oportunidades su temeroso egoísmo lo llevó a negar a su esposa y hacerla pasar como su hermana. Era una mujer tan hermosa que pensó que el faraón y luego Abimelec lo matarían para casarse con ella. Este cobarde se transformó a tal grado por el don de la fe, que de él se dijo: "Abraham creyó a Dios, y le fue contado por justicia" (*Gá.* 3:6).

Lo que ocurre es que el Espíritu Santo dispone de una fuerza para cada una de las debilidades. Dios no quiere vernos dominados por nuestras debilidades y defectos. Esa es una de las razones por las cuales envió al Espíritu Santo.

La mayoría de las personas, cuando reconocen sus debilidades quisieran tener otro temperamento. Pero es que estrictamente no importa cuál sea nuestro temperamento porque Dios nos puede cambiar y hacer que nuestras vidas sean útiles para su servicio.

Y esto solamente se logra con el poder del Espíritu Santo que habita en nuestras vidas. El hecho aislado más trascendente de toda nuestra vida cristiana es que seamos llenos con el Espíritu Santo. Volvamos al capítulo siete –"Cómo ser llenos con el Espíritu Santo"– y recibamos diariamente su plenitud.

Se cuenta la historia de un joven que le preguntó a un viejo santo a quien admiraba, cuándo fue la última vez que vivió un día de derrota. El viejo contestó: "Hace más de treinta años". Luego le explicó a su joven amigo que 30 años atrás formuló un voto de que nunca permitiría pasar más de una hora entre el momento de pecar y la oración de confesión.

Si nos hacemos el propósito de proceder de esa manera con el sincero propósito de ser llenos con el Espíritu Santo (*Lc.* 11:13), gozaremos de la victoria y del poder de una vida llena del Espíritu. Tomará su tiempo adquirir permanencia y estabilidad en este nuevo estilo de vida ya que llevamos a cuestas muchos años de hábitos que deben ser superados. Probablemente ni siquiera nos percatemos del cambio, cuando llegue, pero un día caeremos en la cuenta de que somos nuevas criaturas, de que verdaderamente:

"Grandes cosas ha hecho Jehová con nosotros;
Estaremos alegres" (*Sal.* 126:3).